Selbst dann

Mart Stam Preis 2023

Selbst dann

Emergent

Sara Hassoune

Due Magneti – Und dann?

Birgit Kunz

Anthill

Jung A Lee

Das arbeitende Bild

Marie Lempelius

Dosierte Bilder

Nicolas Papayannis

Awicha

Belen Resnikowski

Urban Sails

Johannes Schmidtner

Vorwort Seit 1997 prämiert die Mart Stam Gesellschaft jedes Jahr die besten Abschlussarbeiten der weißensee kunsthochschule berlin. Studierende aller Fachrichtungen der Freien Kunst und aus den Designdisziplinen können sich um den Mart Stam Preis bewerben, die Entscheidung trifft eine unabhängige Jury. Der Preis besteht in der Kuratierung einer gemeinsamen Ausstellung und der Herausgabe eines sorgfältig gestalteten Katalogs.

Die Mart Stam Gesellschaft fördert junge Künstler*innen und Designer*innen während des Studiums und begleitet ihren Start in die Berufspraxis. Mit ihrem Namen ehrt sie den niederländischen Architekten und Designer Mart Stam (1899–1986), der in seiner nur zweijährigen Amtszeit als Rektor der Hochschule wichtige Impulse gab. Die Mitglieder der Mart Stam Gesellschaft kommen aus Wirtschaft, Politik und Kultur, viele haben selbst einmal in Weißensee studiert oder gelehrt. Sie alle vereint das Anliegen, kreative junge Menschen durch Anerkennung und konkrete Unterstützung in ihrer Entwicklung zu fördern. Die Gesellschaft arbeitet dabei eng mit der mart stam stiftung für kunst + gestaltung zusammen, die jedes Jahr eine erhebliche Anzahl von Stipendien (Mart Stam/Deutschlandstipendium) an begabte Studierende vergibt.

Die Mart Stam Gesellschaft hält darüber hinaus die Verbindung zwischen der Hochschule und ihren ehemaligen Studierenden am Leben, sie vernetzt die Ehemaligen untereinander und mit Akteur*innen aus der Berliner Wirtschaft und Kultur. Dazu tragen Veranstaltungen, gemeinsame Ausstellungsbesuche und Exkursionen bei. Die Gesellschaft finanziert sich durch die Beiträge ihrer Mitglieder, und sie lebt durch deren Engagement. Die jährliche Vergabe des Mart Stam Preises wäre jedoch ohne die zusätzliche Förderung von Unternehmen und engagierten Privatpersonen nicht möglich. In diesem Jahr sind wir der BSR – Berliner Stadtreinigung, der IBB – Investionsbank Berlin sowie der Stiftung KUNSTFORUM der Berliner Volksbank zu besonderem Dank verpflichtet.

Introduction Each year since 1997, the Mart Stam Society has been awarding prizes to the best final projects at the weißensee school of art and design berlin. Students from all liberal arts and design disciplines can apply for the Mart Stam Prize, and decisions are made by an independent jury. The prize consists of the curation of a joint exhibition and the publication of a meticulously designed catalogue.

The Mart Stam Society supports young artists and designers during their studies and helps them embark on a professional career. The society's name pays homage to the Dutch architect and designer Mart Stam (1899–1986), who during his short two-year term as rector provided vital stimulus to the academy. The members of the Mart Stam Society come from business, politics, and culture, and many of them once studied or taught in Weissensee themselves. They all share a common concern: to encourage creative young people in their development through recognition and concrete support. In this endeavor, the society works closely with the mart stam foundation for art + design, which awards a significant number of scholarships (Mart Stam / Deutschlandstipendium) to talented students every year.

Furthermore, the Mart Stam Society upholds contact between the academy and its former students, creating a network among alumni and with stakeholders from the Berlin business and cultural sector. Benefits of the network include events, joint visits to exhibitions, and excursions. The society is funded by the contributions of its members and thrives thanks to their commitment. However, it would not be possible to award the Mart Stam Prize each year without the additional support of businesses and dedicated private individuals. This year, we owe a special debt of gratitude to the BSR, Berlin's municipal disposal company, the IBB – Investitionsbank Berlin, and the Berliner Volksbank's KUNSTFORUM foundation.

Unter Vorsitz von Anna Gritz (Direktorin, Haus am Waldsee) konnte eine interdisziplinär besetzte Jury im November 2023 aus 27 vor Ort präsentierten Abschlussarbeiten eine überzeugende Auswahl treffen.

Indirekt ist der Mart Stam Preis immer auch ein Kompliment an die Lehrenden, die die Preisträger*innen im Studium und bei ihren Abschlussprojekten betreut haben. Der Preis steht somit nicht nur für die Vielseitigkeit und Originalität der Studierenden, sondern auch für die hohe Qualität der Lehre an der weißensee kunsthochschule berlin.

Der von der Jury gesetzte hohe Anspruch an die Abschlussprojekte spiegelt sich auch in der visuellen Erscheinung des Katalogs, der in diesem Jahr von Vreni Knödler, Studentin der Visuellen Kommunikation, gestaltet wurde. Beraten wurde sie dabei von Prof. Wim Westerveld. Besonderer Dank gilt Annette Tietz und Mascha Neumann (Galerie Pankow) für die Kuratierung der Ausstellung, Sophie Lobrecht und Sonja Böhle für Organisation und Koordination von Ausstellung und Katalog sowie Sonja Altmeppen und Dawn Michelle d'Atri für das Lektorat und Ilze Mueller für die Übersetzung ins Englische.

Prof. Stefan Koppelkamm
Vorsitzender des Vorstands der Mart Stam Gesellschaft

Dr. Hinrich Holm
Vorsitzender des Kuratoriums der mart stam stiftung für kunst + gestaltung

Dr. Angelika Richter
Rektorin der weißensee kunsthochschule berlin

In November 2023, headed by Anna Gritz (director, Haus am Waldsee), an interdisciplinary jury made a convincing choice from a total of twenty-seven submitted final projects.

Indirectly, the Mart Stam Prize is always also a compliment to the teachers who supervised the award winners during their studies and as they worked on their final projects. The prize thus stands not only for the versatility and originality of the students, but also for the high quality of teaching at the weißensee school of art and design berlin.

The high standard set by the jury for the final projects is also reflected in the visual appearance of the catalogue, which this year was designed by Vreni Knödler, a student of visual communication. Her adviser was Prof. Wim Westerveld. Special thanks go to Annette Tietz and Mascha Neumann (Galerie Pankow) for curating the exhibition, Sophie Lobrecht and Sonja Böhle for organizing and coordinating the exhibition and catalogue, Sonja Altmeppen and Dawn Michelle d'Atri for editing, and Ilze Mueller for translating the texts into English.

Prof. Stefan Koppelkamm
Chairman of the Mart Stam Society executive board

Dr. Hinrich Holm
Chairman of the board of trustees of the mart stam foundation for art + design

Dr. Angelika Richter
President of the weißensee school of art and design berlin

Die Jury | The Jury

- Stéphane Bauer, Leiter des Kunstraums Kreuzberg/Bethanien | director of Kunstraum Kreuzberg/Bethanien
- Philipp Bollmann, Kurator | curator, Sammlung Wemhöner
- Anna Gritz, Direktorin | director, Haus am Waldsee
- Prof. Stefan Koppelkamm, Vorstandsvorsitzender der Mart Stam Gesellschaft | chairman of the Mart Stam Society executive board
- Soline Krug, Künstlerin, Mart Stam Preisträgerin | artist, Mart Stam Prize recipient, 2016
- Leon Laskowski, Produktdesigner, Mart Stam Preisträger | product designer, Mart Stam Prize recipient, 2017
- Dr. Angelika Richter, Rektorin der weißensee kunsthochschule berlin | president of weißensee school of art and design berlin

Sara Hassoune

Emergent

Arbeitsschwerpunkt Sara Hassounes Arbeiten bewegen sich an der Schnittstelle zwischen Textilien und dreidimensionalen Objekten. Sie erforscht traditionelle textile Handwerkstechniken und erprobt deren Grenzen, indem sie sie mit einer Reihe zeitgenössischer natürlicher Materialien von unterschiedlicher Elastizität kombiniert. Durch die Betonung textiler Qualitäten wie Materialzusammensetzung, komplizierte Texturen und Formfindungsprozesse entwickeln sich in ihrem Arbeitsprozess die immer wiederkehrenden Themen der Transformation und Verformung. Sie verbindet intensive Designforschung und technische Berechnungen mit intuitiver Experimentierfreude.

Dr. Lucy Norris, Gastprofessorin in Theorie und Geschichte, weißensee kunsthochschule berlin, und Sara Hassoune

Working Focus Sara Hassoune's work probes the boundaries between textiles and three-dimensional objects, exploring traditional textile crafting techniques and testing their limits by combining them with a range of contemporary natural materials of varying degrees of stiffness. Emphasizing textile qualities such as material composition, intricate textures, and form-finding processes, her working process develops the recurring themes of transformation and reshaping. She combines in-depth design research and technical calculations with explorative, intuitive practice.

Dr. Lucy Norris, guest professor in theory and history, weißensee school of art and design berlin, and Sara Hassoune

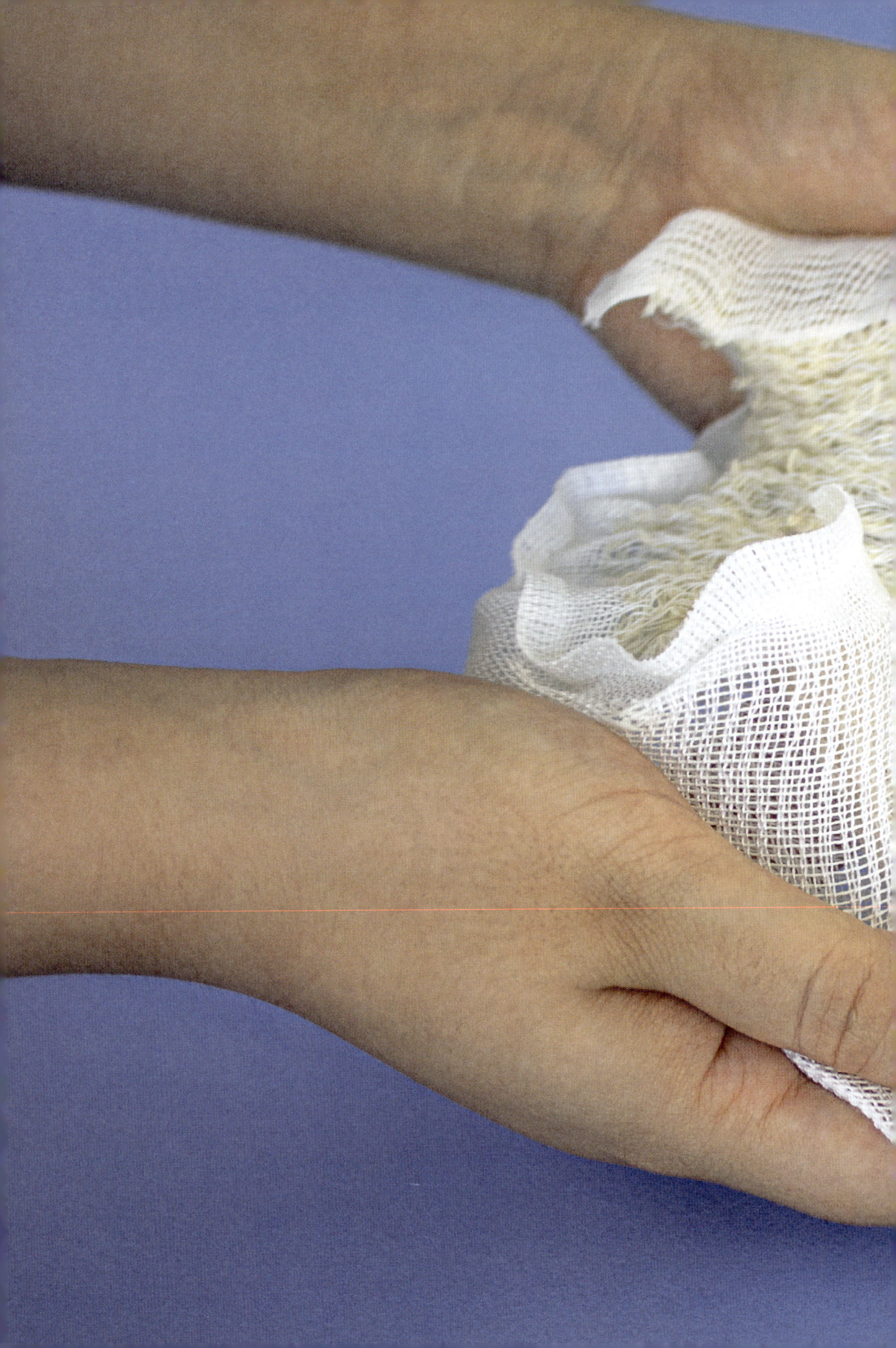

Über die Arbeit *Emergent – on Seeking Emergence in 3D Woven Objects* erforscht das Potenzial der textileigenen Materialeigenschaften und -strukturen, um eine Sammlung dreidimensionaler gewebter Objekte zu schaffen. In der Korbflechterei entwickelt sich die Form langsam und kontinuierlich. Während der Herstellung verändert sie sich immer weiter und wird dabei immer sichtbarer. Dieser Aspekt des Formdenkens wird aufgegriffen und auf das Weben auf einem Webstuhl übertragen.

Anstatt sich auf synthetische Materialien zu verlassen, um einen bestimmten »smarten« Effekt zu erzielen, werden natürliche Materialien mit ihren jeweiligen Eigenschaften genutzt, um die Form während der Produktion direkt in das Gewebe einzubetten. Durch die Verwendung von Wolle, Leinen und Papiergarn werden unterschiedliche Steifigkeitsgrade kombiniert und betont. Darüber hinaus wirken mehrschichtige, verwobene Strukturen auf die Materialien ein und ermöglichen ein größeres Volumen. Auf dem Webstuhl bleibt das Gewebe flach, aber sobald es gelöst wird, wird die Eigenspannung der Fäden aktiviert und das Gewebe im dreidimensionalen Raum entfaltet.

Im Rahmen dieser Arbeit werden mehrschichtige Gewebe als komplexe Systeme definiert. Das Konzept der Emergenz wird erforscht und auf die materielle Praxis des Webens übertragen, um zu zeigen, welche komplizierten, synergetischen und oftmals intuitiven Zusammenhänge zwischen Material, Webenden, Werkzeug und Umgebung diesen Formungsprozess möglich machen. Außerdem soll dieses Projekt eine weitergehende Diskussion über den Einsatz von handwerksbasierter Forschung, reflektiver Praxis und dem Konzept der Textilität als Strategien für nachhaltiges Design anstoßen.

Dr. Lucy Norris, Gastprofessorin in Theorie und Geschichte, weißensee kunsthochschule berlin, und Sara Hassoune

About the Project The project *Emergent – on Seeking Emergence in 3D Woven Objects* explores the potential of textiles' inherent material qualities and structures to generate a collection of three-dimensional woven objects. In basketry, the form develops from slow and continuous growth. It is always becoming increasingly visible, constantly evolving throughout the making. This aspect of form-thinking is adopted and then adjusted to weaving on a loom.

Instead of relying on synthetic materials to create a specific "smart" effect, natural materials and their inherent properties are utilized to engineer and embed form directly into the fabric during production. Using wool, linen, and paper yarn, varying degrees of stiffness are combined and accentuated. In addition, multilayered, interwoven structures interact with the materials' behavior and allow for more volume. On the loom, the fabric remains flat, but once released, the inherent tension of the threads is activated and expands the weave into three-dimensional space.

Throughout this research, multilayered weavings are defined as complex systems. The concept of emergence is explored and applied to the material practice of weaving, aiming to showcase which intricate, synergistic, and often intuitive interconnections of material, maker, tools, and environment make this forming process possible. Furthermore, this project seeks to open up a broader discussion on the use of craft-based research, reflective practice, and notions of textility as strategies toward designing for sustainability.

Dr. Lucy Norris, guest professor in theory and history, weißensee school of art and design berlin, and Sara Hassoune

Statement der Jury Sara Hassoune, Textil- und Material-Design, für ihre Arbeit *Emergent – on Seeking Emergence in 3D Woven Objects*. Sara Hassoune untersucht, wie sich Eigenschaften natürlicher Materialien nutzen lassen, um flachgewebte textile Strukturen in dreidimensionale, selbsttragende Objekte zu verwandeln. Dabei hat sie die den Materialien inhärente Intelligenz erforscht, um zu sogenannten *smart textiles* zu gelangen.

Jury Statement Sara Hassoune, Textile and Material Design, for her project *Emergent – on Seeking Emergence in 3D Woven Objects*. Sara Hassoune studies the ways that the characteristics of natural materials can be used to transform flat-woven textile structures into three-dimensional, self-supporting objects. In the process, she has been exploring the intelligence inherent in the materials in order to produce what are called *smart textiles*.

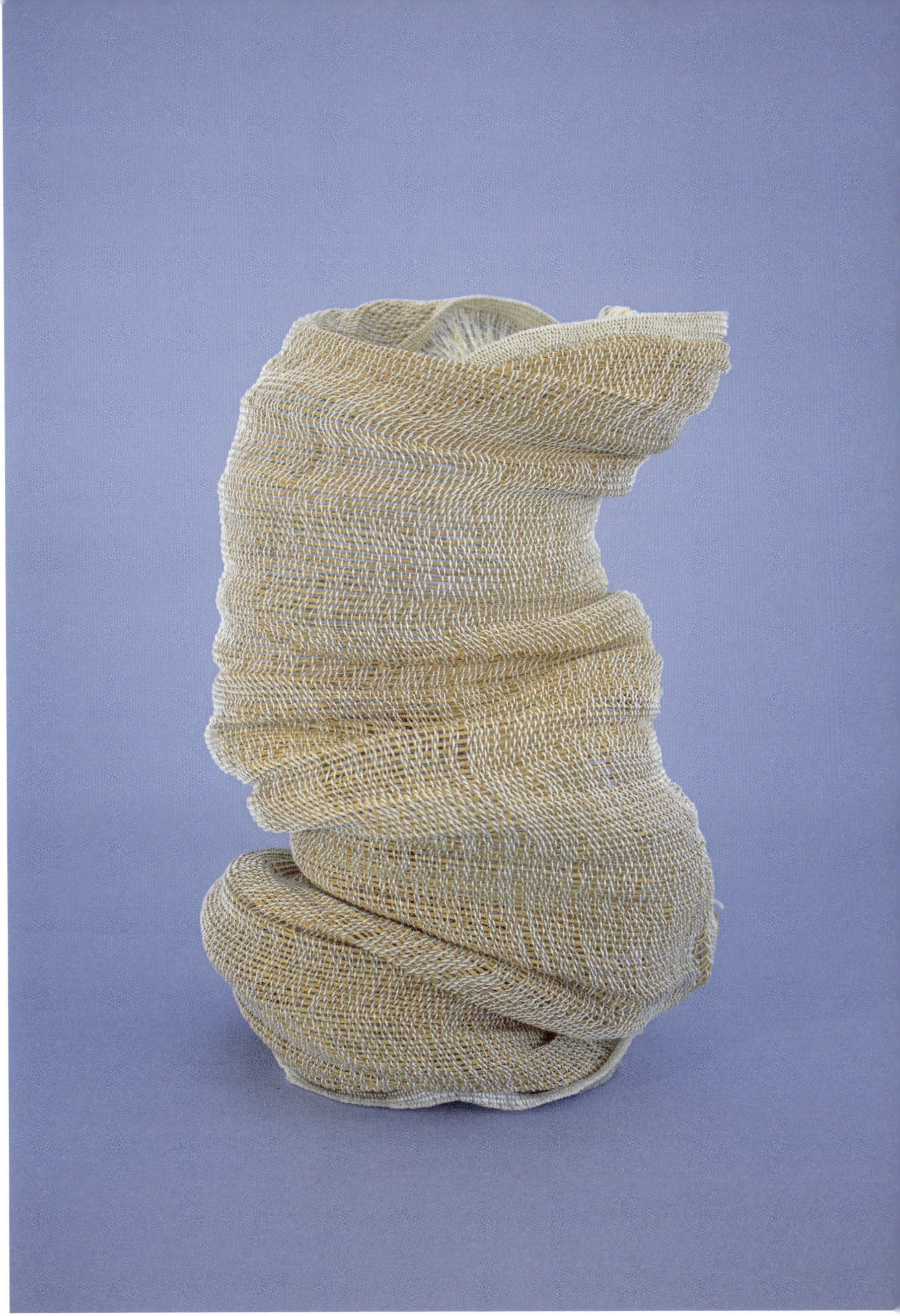

Emergent

Biografie Sara Hassoune, 1999 in Bregenz, Österreich, geboren, begann 2018 ihr Studium im Fachgebiet Textil- und Material-Design an der weißensee kunsthochschule berlin. Im Jahr 2023 schloss sie ihr Studium mit der Bachelorarbeit *Emergent – on Seeking Emergence in 3D Woven Objects* ab.

Neben der Teilnahme an einem DAAD-Austauschprogramm und anschließenden Gruppenprojekten (2021–2023) präsentierte sie ihre Arbeiten im Rahmen der Ausstellung *DAOULA / sheen. West African Wild Silk on Its Way* im Tieranatomischen Theater Berlin (2022). Derzeit führt sie ihr Master-Studium an der weißensee kunsthochschule berlin fort. Seit 2022 ist sie neben ihrem Studium als Tutorin im Soft Rapid Prototyping Lab tätig.

Biography Sara Hassoune was born in 1999 in Bregenz, Austria. She began her studies in Textile and Material Design at the weißensee school of art and design berlin in 2018. In 2023, she graduated with her bachelor's thesis titled *Emergent – on Seeking Emergence in 3D Woven Objects*.

In addition to her participation in a DAAD exchange program and related group projects (2021–23), she also presented her work as part of the exhibition *DAOULA / sheen: West African Wild Silk on Its Way* at the Tieranatomisches Theater Berlin (2022). Currently, she is continuing with her master's degree at the weißensee school of art and design berlin. During her studies, Sara Hassoune has been active (since 2022) as a tutor in the Soft Rapid Prototyping Lab.

Sara Hassoune: *Emergent – on Seeking Emergence in 3D Woven Objects*

- Textil- und Material-Design | Textile and Material Design, Bachelor, 2023
- Betreuung | Supervision: Prof. Dr. Zane Berzina, Prof. Dr. Lucy Norris

w sarahassoune.com

m mail@sarahassoune.com

ig @sarahassoune_

Birgit Kunz

Due Magneti — Und dann?

Arbeitsschwerpunkt Birgit Kunz arbeitet mit Sprache. Dabei sind Inhalt und Form für sie gleichermaßen wichtig. Sprache findet für sie auf einer Skala statt: Von »kristallklarer Kommunikation«[1] bis zu poetischer Sprache, die etwas Unbegreifliches, Mystisches anreißt und immer lückenhaft bleibt. Ihre Praxis schöpft aus dem Alltäglichen und beinhaltet neben dem Schreiben und Gestalten auch das Lesen.

1 Kenneth Goldsmith, *Uncreative Writing*, Columbia University Press, New York 2011, S. 5.

Working Focus Birgit Kunz works with language. She assigns equal importance to content and form. Language, for her, takes place on a scale: from "crystal clear communication"[1] to poetic language, which hints at something unfathomable, mystical, and always remains incomplete. Her practice is drawn from everyday life and, in addition to writing and design, also includes reading.

1 Kenneth Goldsmith, *Uncreative Writing* (New York: Columbia University Press, 2011), p. 5

EPISODE I

KANN MAN
die eigene Perspektive verlassen?[4]
wie die Tücken der Sprache umgehen, wenn man selbst ein verbales Wesen[5] ist?
gibt es Anfang und Ende, wenn alles eins ist?

DISKUSSION MIT N:
012 alle sollen eins sein
013 aber wenn alles eins ist, dann gäbe es keine Bewegung, dann gäbe es die Jagd und das Streben nach nicht
014 ein Zustand der Sattheit[6]

VÖGEL.
in den Süden. ich fliege. wieder Gepäck und mühsam loszugehen, wie immer. ich bin ein Vogel.
* *dann saß ich im Flugzeug nach Süden. das Licht reichte, Ecce homo zu blättern.*[7]
den Vögeln unterstelle ich einen inneren Drang zum Gehen. Instinkt, der das Unbequeme des Neuen übertönt. Triebe, die nicht nachdenken lassen. immer noch nichts über das Heimweh, das Nach-hause-Wollen, die Sehnsucht gefunden.
wenn jemand fragt:
015 wer bist du?
wer bin ich? guck mich an! guck dir alles an mir an!
016 wenn ich ein Vogel bin, dann ...

Über die Arbeit Gestaltung zweier Manuskripte, ausgehend von einer inhaltlichen Ähnlichkeit, mit einem Unterschied: zuerst ein fremdes, dann ein eigenes.

Das fremde Buch

»*Due Magneti* von der Künstlerin A. Herms ist eine Sammlung von Tag- und Traumtexten, die miteinander verwoben zu einer Erzählung über die Konstruktion von Rollen werden. Das Banale ist heilig, die Träume sind Schätze. Sowohl die Reflexion von alltäglichen Begebenheiten als auch die Fähigkeit sich im Traum zu wandeln bieten Möglichkeiten, die eigene biografische Identität zu befragen und zu gestalten.«[2]

Im Text werden in kleiner Schriftgröße Unklarheiten in der Erinnerung gleichberechtigt über- und untereinander notiert. Einen Hinweis auf die Tag-Nacht-Dualität gibt der Schwarz-Weiß-Wechsel der Seiten. Dem Text folgen Fotos. Hier wird das Prinzip der assoziativen Anordnung zu Paaren wiederholt. Abgeschlossen wird das Buch mit einem Index mit erheiternden Schlagwörtern und Kategorien. Die Dreiteiligkeit des Buchs wird unterstrichen durch die Wahl unterschiedlicher Papiere. Der Schutzumschlag zeigt ein Magnetfeld. Auf dem Buchrücken ist ein rot-blauer Magnet. Der Buchdeckel ist um einige Millimeter verkürzt, sodass das Vorsatzpapier in den Farben des Magneten hervorlugt.

Das eigene Buch

Das Buch *Und dann? – ein autofiktionaler Roman* erzählt in wechselnden Kulissen 13 Episoden aus dem Leben einer jungen Frau. Die leitende Frage ist dabei die nach der eigenen Identität. Schweifende Blicke werden zu scharfsinnigen Beobachtungen, die vom Banalen zu tiefergehenden, menschlichen Einsichten gelangen. »Wenn ich nicht arbeite, dann schwimme ich, und wenn ich arbeite, dann schwimme ich auch.«[3]

Kann man die eigene Perspektive verlassen? Auch typografisch wird zwischen der Stimme des lyrischen Ichs und der Stimme der Anderen (Zitate und Dialoge) unterschieden. Die Paragrafen beginnen jeweils mit Kapitälchen. Allgemein stellt sich die Frage: Gibt es einen Anfang, wenn alles eins ist? Gerahmt wird der Text von einer Einleitung, einem Index und einem Literaturverzeichnis. Getrennt werden die Teile durch schwarze Seiten. Eine offene Bindung trägt die Lockerheit der Fragmente bis ins Äußerste. Auf dem Cover ist auf feinem Naturleinen mit Heißfolienprägung ein Symbol geprägt. Auf dieses Symbol – einen Sonnenblumenkern – wird im Buch referenziert.

2 Anna Herms, *Due Magneti – Tag- und Nachttexte*, Possible Books, Berlin 2022, possible-books.com/de/publications/due-magneti (Zugriff am 20.01.24).
3 Birgit Kunz, *Und dann?*, Berlin 2023, Backcover.

About the Project Design of two manuscripts, starting out from the fact that their content is similar, with one difference: the first is by another author, the second is Birgit Kunz's own.

The Other Book

"*Due Magneti* by the artist Anna Herms is a collection of day and dream texts which, interwoven, become a narrative about the construction of roles. The banal is holy; the dreams are treasures. Both the reflection of day-to-day occurrences and the ability to transform oneself in dreams offer possibilities to question and shape one's own biographical identity."[2]

In the text, in small font size, unclear recollections are noted equitably above and below each other. The change of the pages from black to white refers to the duality of day and night. The text is followed by photographs. Here, the principle of associative arrangement in pairs is repeated. The book concludes with an index listing amusing keywords and categories. The fact that the book has three parts is underlined by the choice of different types of paper. The dust cover shows a magnetic field. On the spine of the book there is a red and blue magnet. The book cover is shortened by a few millimeters, so that the endpaper in the colors of the magnet is partly visible.

Her Own Book

The book *Und dann*? (And Then?)—an autofictional novel—recounts thirteen episodes framed by changing backdrops from the life of a young woman. The central question of the novel concerns one's personal identity. Wandering gazes turn into shrewd observations which progress from the banal to deeper, human insights. "When I'm not working, I swim, and when I'm working, I also swim."[3]

Can one leave one's own perspective? Typographically as well, a distinction is made between the voice of the lyrical I and the voice of the other (quotations and dialogues). Each paragraph begins with a small capital. In more general terms, the following question is addressed: Is there such a thing as a beginning if all is one? The text is framed by an introduction, an index, and a bibliography. The parts are separated by black pages. An open binding takes the loose arrangement of the fragments to its extreme. On the cover a symbol is imprinted on fine natural linen with hot-foil stamping. There is a reference to this symbol—a sunflower seed—in the book.

2 Anna Herms, *Due Magneti: Tag- und Nachttexte* (Berlin: Possible Books, 2022), possible-books.com/de/publications/due-magneti.
3 Birgit Kunz, *Und dann?* (Berlin, 2023), back cover.

Statement der Jury Birgit Kunz, Visuelle Kommunikation, für die Konzeption und Gestaltung zweier Bücher. Ihr autofiktionaler Roman *Und dann?* lotet das Spannungsfeld zwischen Text und Gestaltung aus und verbindet Inhalt und Form auf intelligente und überraschende Weise. Ihre Projektvorstellung in Form einer Performance verstand die Jury als immaterielle Erweiterung ihres Buches.

Jury Statement Birgit Kunz, visual communication, for the conception and design of two books. Her autofictional novel *Und dann?* (And Then?) seeks to fathom the interplay between text and design, and it links content and form in an intelligent and surprising way. The jury understood the presentation of her project in the form of a performance as an immaterial extension of her book.

Due Magnetti
A. Herms
A. HERMS
UND DANN?

Landpartie

Uckermark, Winterbeginn. Obwohl das Laub abgefallen ist, ist alles von feinen Gespinsten im zartesten Bunt überzogen. Die Farben verschwinden nicht, sie werden nur blasser. Ich lese *Barlach im Gespräch: Die Persönlichkeit befreit nicht, sie ist die Falle in die wir gehen.* Daniel erzählt, dass bald das Sternbild des Schützen beginnt – jetzt wird man wieder besser zielen können. Zielen heißt als erstes: das Ziel erkennen. Max spricht auch von der Befreiung vom Selbst. Mir kommt er doch sehr in sich gefangen vor. Aber wer ist das nicht? So erziehen wir unsre Kinder.

Im Auto mit Milan, der Rückweg unserer Landpartie. Gleich nach dem Losfahren ein kleiner Streit – tief atmen – ich schaffe es besser, über unsere Mißlaunen hinwegzugehen. Aber jetzt bin ich nicht mehr sicher, wo wir lang müssen. Halt im nächsten Dorf; am Abhang eine Familie aus dem Ort: dreiköpfig, mit schlechten Zähnen und schönen Gesichtern. Ach so, eine Ausfahrt weiter. Ich rauche eine Zigarette, Milan bleibt im Auto, weil ihm kalt ist und trinkt still seine Limonade. Beim Losfahren sagt er: »Irgendwie gehört so eine Panne ja auch zu einem Ausflug dazu.« »Das ist doch keine Panne«, sage ich und bin froh, dass wir keine Panne haben. Dann Smog, Mandarinen, die Autotür ist nicht richtig zu, die Straßen voll und es ist dunkel. Milan raschelt hinten mit irgendwas herum und nuschelt etwas und ich ermahne ihn: »Sprich deutlich zu mir, vor allem beim Autofahren! Es klingt vielleicht komisch, aber es stört mich beim Fahren und es kann gefährlich sein, also sei deutlich, wenn du mir etwa sagen willst.« Eine Minute später sagt er ganz deutlich: »Ich liebe dich.«

– ... – /// ... – (Ich bin sprachlos.)

Saugfrosch

Auf einem eingesunkenen sumpfigen Wiesenweg / Senke treffe ich auf Milan. Drei Jahre alt, mit einem Puppenbuggy, in dem er sich selbst den ganzen beschwerlichen Weg mit den Füßen angeschoben hat und einem Brotkörbchen auf dem Kopf, an dem ein Frosch klebt. Eine Art Saugfrosch, uralt und mehr grau als alles andere.

»Was machst du mit unserem Frosch hier?«, frage ich ihn erstaunt. Er schaut mich ernst an. Unser Hund irgendein altdeutscher Name mit Ö / Köter ist gestorben. Weil er mich darüber informieren wollte, hatte er sich auf den Weg gemacht, aber da er den Frosch nicht mit dem toten Hund allein lassen wollte – denn es war ja ein Saugfrosch und er würde sich an den Leichnam saugen und sich mit dem Tod anstecken (das alte Kohl-Ziege-Wolf-Problem) – hatte er ihn mitgenommen.

SOBALD DIE KREATIVITÄT TEIL DEINES BERUFS IST, WIRD ES SCHWIERIG.

denn dann heißt es Zeit gegen Geld.

DAS LEBEN DER KÜNSTLERIN

ist den gleichen finanziellen Zwängen unterworfen wie das Leben der Anderen.

GELD

beeinflusst die Entscheidungen der Künstlerin.

SICHERHEIT SCHRÄNKT EIN.

aber finanzielle Unsicherheit kann Entscheidungen ebenso beeinflussen, wie es die Vorgaben eines Auftraggebers tun.

ES IST ZEIT,

die Freiheit[38] als ein Teil innerhalb sicherer Systeme zu begreifen.

ICH LAUFE

mit F zurück zum Hotel. wir sprechen über Arbeit und Geld. F schlägt vor:

198 alle, die auf mich, die freie, unabhängige Kreative projizieren, sollen mir monatlich einen Prozentsatz ihres Einkommens überweisen

199 damit du das Ideal der Freiheit aufrecht erhältst

nach außen hin kreativ und unabhängig und verdienst dein Geld mit sicheren Sachen.

58

Due Magneti – Und dann?

200 ein Brotjob
201 wie der Schriftsteller
202 wo ist er eigentlich?

MÖGLICHKEIT 1:

er tippt den ganzen Tag in seinem Kämmerchen oben. tippt alles in der Serifenschrift, in der er schon immer getippt hat. er wohnt in Kreuzberg. zwischen Kanal und Görlitzer Park. er ist alt geworden.

so alt, dass er bei *Kvartira 62* Wodka mit Frauen trinkt, die bloß halb so alt sind wie er selbst. reich und schön ist er. kürzlich hat er einen Preis über 200 Euro gewonnen.

MÖGLICHKEIT 2:

er schreibt nach Feierabend. manchmal liest er seine Texte zu Textbesprechungen vor und heimlich träumt er von einer Veröffentlichung bei einem Verlag.

ich denke an

VERSCHLOSSENE TÜREN.

* *die Forderung nach Transparenz wird gerade dann laut, wenn es kein Vertrauen mehr gibt.*[39]

ABER DIE ZEIT

ist rar. zu rar, um mehrere Dinge gleichzeitig zu tun.
203 lassen wir das

Biografie Birgit Kunz, 1997 in Rosenheim geboren, studiert seit 2017 an der weißensee kunsthochschule berlin und erhielt 2023 ihren Bachelor in Visueller Kommunikation mit den Projekten *Due Magneti* und *Und dann*?. Während des Studiums hat sie in der Kunstvermittlung bei The Hub e. V. im Projekt *Goldmarie* gearbeitet. Seit 2023 studiert sie Visuelle Kommunikation im Master sowie Bibliotheks- und Informationswissenschaft an der Humboldt-Universität zu Berlin. Neben der Teilnahme an den Ausstellungen *3 Tage für die Katz* (2022) und *Kleine Formate* (2021) des Kunstvereins Rosenheim hat sie am Förderprogramm Sprach-Labor (2021) für Nachwuchsautor*innen teilgenommen. Zusätzlich wurde das von ihr gestaltete Buch *Due Magneti* als Titel auf die Shortlist des Förderpreises für junge Buchgestaltung (2023) der Stiftung Buchkunst aufgenommen und in diesem Rahmen im einBuch.haus, Berlin, ausgestellt. Seit 2020 publiziert sie auf birgitandbreakfast.de.

Biography Birgit Kunz, born 1997 in Rosenheim, Germany, has been studying at the weißensee school of art and design berlin since 2017 and received her bachelor's degree in visual communication in 2023 with the projects *Due Magneti* and *Und dann?* (And Then?). While she was a student, Kunz worked in art mediation at The Hub e. V. on the project *Goldmarie*. Since 2023 she has been studying visual communication in the master's program, as well as library and information science at the Humboldt University in Berlin. Besides participating in the Kunstverein Rosenheim exhibitions *3 Tage für die Katz* (All-for-Nothing 3 Days, 2022) and *Kleine Formate* (Small Formats, 2021), she took part in the support program Sprach-Labor (Language Laboratory, 2021) for upcoming authors. In addition, the book *Due Magneti*, which she had designed, won a place on the shortlist of the Förderpreis für junge Buchgestaltung (Award for Young Book Designers, 2023) of the Stiftung Buchkunst (Book Art Foundation) and in this context was exhibited at the project gallery einBuch.haus, Berlin. Since 2020, Kunz has been publishing on birgitandbreakfast.de.

Birgit Kunz: *Due Magneti – Und dann?*

- Visuelle Kommunikation | Visual Communication, Bachelor, 2023
- Betreuung | Supervision: Prof. Wim Westerveld, Matthias Hübner

w birgitandbreakfast.de

m hallo@birgitandbreakfast.com

ig @birgitandbreakfast

Jung A Lee

Anthill

Arbeitsschwerpunkt Jung A Lee visualisiert in ihrer Arbeit die Gedanken, Ideen und Emotionen, die durch den Fluss ihres Unbewusstseins hervorgerufen werden und die oft in ihrem Alltag auftreten. Während der Pandemie hat sie sich mit ihren Ängsten auseinandergesetzt und herausgefunden, dass ihre verinnerlichten Ängste sie paradoxerweise dazu gebracht haben, darüber nachzudenken, wie Menschen untereinander und in der Gesellschaft interagieren sollten. In *Anthill* (Ameisenhaufen) stellt sie sich selbst als Ameise vor, die die verschiedenen Kammern eines Ameisenhaufens erkundet und so sehr persönlich über die sozialen Probleme wie beispielsweise Diskriminierungen und strukturelle Ungerechtigkeiten in der menschlichen Gesellschaft nachdenkt. Ihre Werke zeichnen sich durch gewundene, nach oben steigende Linien und Stränge aus, die die unermüdliche Vitalität und Dynamik darstellen, die von natürlich entstandenen Kurven ausgehen. Sie bevorzugt Wachspastell für ihre Malereien. Dieses »trockene« Medium eignet sich zum Zeichnen von Linien, die sowohl freimütig als auch selbstsicher sind. Außerdem lassen sich damit flüchtige Emotionen und Eindrücke unmittelbar auf der Leinwand einfangen und ausdrücken. Dies resultiert in spontanen und lebendigen Werken.

Anthill

Working Focus Jung A Lee adeptly captures ephemeral forms that arise in dreams and daily life, delving into their meanings and bringing them to visual life through her art. Amidst the pandemic, she engaged in profound introspection about her inner fears, leading to fascinating insights. Paradoxically, these internalized fears spurred contemplation on the nature of interpersonal and societal interactions. In *Anthill*, she portrays herself as an ant exploring the various chambers of an anthill, concurrently embodying personal reflections on societal issues such as discrimination and structural injustices. Her works are distinguished by sinuous, climbing stems, representing the relentless vitality and dynamism emanating from the curves crafted by nature. The artist shows a particular affinity for wax pastels in her creative process. This dry medium is apt for drawing lines that are both unrestrained and confident. Additionally, it allows for the swift capture and expression of transient emotions and impressions on the canvas, resulting in spontaneous and vibrant works.

Über die Arbeit Während der Pandemie habe ich mich mit dem Thema Psychologie, insbesondere mit Gefühlen wie Angst auseinandergesetzt. Und ich habe mich gefragt, wie und warum sie zustande kommen. Für meine Abschlussarbeit habe ich zu dieser Fragestellung die autobiografische Kurzgeschichte *Anthill* (Ameisenhaufen) verfasst.

Anthill zeichnet bildhaft den Prozess der Erkundung meines Gemüts, meines Bewusstseins und meines Unterbewussten nach. Gleichzeitig dient er als visualisierter Schauplatz, der verschiedene Forschungsstandpunkte von Wissenschaftler*innen als geteilte Räume veranschaulicht. Der Neuropsychologe Nicholas Humphrey erläutert die Bedeutung der Selbstwahrnehmung für den Menschen: Um andere zu verstehen und mit ihnen zu interagieren, braucht man ein zugängliches Bild von sich selbst, ein »Bild vom Menschen«. Dieses dient als Modell für den Sinn der Existenz anderer und veranschaulicht, wie man mit anderen Menschen und der Gesellschaft zusammenarbeiten und interagieren sollte. Das Erkennen der Außenwelt ist eine unausweichliche Aufgabe von Geburt an. Die Menschen neigen jedoch dazu, ihre inneren Stimmen zu vernachlässigen. Deshalb ist es wichtig, so Humphrey, dass die Menschen sich selbst kennenlernen. Nur wenn wir uns selbst kennen, können wir unsere Beziehung zu uns selbst, unsere Beziehung zu anderen, unsere Beziehung zu Kontrahenten und zur Natur oder zur Umgebung verstehen.[1]

Die Ameisen sind außerhalb der Kurzgeschichte eine Metapher für mein unbewusstes Begehren. Mit anderen Worten: Mein unbewusstes Begehren wird, nachdem es in eine gesellschaftlich akzeptierte Form gebracht wurde, von den Ameisen repräsentiert.

1 Nicholas Humphrey, »Nature's Psychologists«, in *Consciousness and the Physical World*, Brian D. Josephson und Vilayanur S. Ramachandran (Hrsg.), Pergamon Press, New York 1980, S. 57–75; Nicholas Humphrey, »Consciousness: A Just-So Story«, *New Scientist* 95, 1982, S. 474–477; Nicholas Humphrey, *The Inner Eye*, Faber & Faber, London 1986.

About the Project During the pandemic, I delved into psychology, particularly the emotions of fear and anxiety, questioning their origins and reasons. This inquiry led me to write an autobiographical novel titled *Anthill* as my final dissertation.

Anthill metaphorically represents my exploration of mind, consciousness, and subconscious. It also serves as a visual background depicting different perspectives of various scholars in segmented spaces. Neuropsychologist Nicholas Humphrey explains the importance of self-awareness to people. To understand and interact with others, one needs an accessible image of oneself, an "image of man." This serves as a model for the meaning of others' existence, illustrating how one should cooperate and interact with other people and society. Recognizing the external world is an inevitable task from birth. However, people tend to neglect listening to their inner voices. Therefore, as Humphrey suggests, it is crucial for people to understand themselves. Only by knowing oneself can one comprehend relationships with oneself, others, adversaries, and nature or the environment.[1]

The ants, beyond the context of the short story, serve as a metaphor for my unconscious desires. In other words, my unconscious desires, when shaped into a socially acceptable form, are represented by ants.

1 Nicholas Humphrey, "Nature's Psychologists," in *Consciousness and the Physical World*, ed. Brian D. Josephson and Vilayanur S. Ramachandran (New York: Pergamon Press, 1980), pp. 57–75; Nicholas Humphrey, "Consciousness: A Just-So Story," *New Scientist* 95 (1982), pp. 474–77; Nicholas Humphrey, *The Inner Eye* (London: Faber & Faber, 1986).

Statement der Jury Jung A Lee, Malerei, für ihre großformatigen, abstrakten Gemälde, in denen sie Gedanken und Emotionen visualisiert, die sich über das Unbewusste in ihren Alltag drängen. Die Jury überzeugte die Präzision ihrer Kompositionen und die Vielsprachigkeit ihres persönlichen Stils.

Jury Statement Jung A Lee, painting, for her large-scale, abstract paintings, in which she visualizes the thoughts and emotions that come crowding into her daily life by way of her subconscious. The jury found the precision of her compositions and the multilingual nature of her personal style convincing.

Anthill

»Mein Bild enthält viele Symbole wie die Autofiktion Anthill. *Der wichtigste Punkt ist, dass verschiedene Elemente, die nicht in Subjekte und Objekte unterteilt sind, miteinander verwoben sind und sich gegenseitig beeinflussen.«*

"My work, like the autobiographical novel Anthill, *is overflowing with numerous symbols. The crucial aspect is that various elements are not distinctly separated as subjects or objects, but rather they influence and intertwine with each other."*

Anthill

»Ich und wir sind miteinander verflochten, und manchmal dringen wir in das Territorium des anderen ein, helfen uns gegenseitig und bilden einen bestimmten Rhythmus.«

“The group and I are intricately intertwined, often invading each other’s spaces, providing aid, and creating distinct rhythms.”

Biografie Jung A Lee, 1995 in Seoul geboren, studierte von 2017 bis 2023 an der weißensee kunsthochschule berlin und schloss 2023 das Studium in der Fachrichtung Malerei mit dem Projekt *Anthill* (Ameisenhaufen) ab. Während ihres Studiums wurde *Anthill* in ihrer Einzelausstellung in der Weserhalle Galerie in Berlin gezeigt (2023) und sie nahm während der Berlin Art Week an der *Positions Berlin* (2023) teil. Sie hat ihre Arbeiten ebenfalls im Rahmen der Gruppenausstellungen *Assemble New Vibes* der Kulturabteilung der Botschaft der Republik Korea (2022) und *Tales of Womanhood*, Projektraum Bethanien (2023), sowie *Big City Baby* (2022), Zitadelle Spandau (ZAK), alle in Berlin, einem breiten Publikum präsentiert. Ihre Werke wurden im Rahmen der Klasse Nader Ahriman in zahlreichen Ausstellungen in Deutschland gezeigt, zuletzt im Kleist-Museum in Frankfurt (Oder). Jung A Lee wurde mit dem Mart Stam/Deutschlandstipendium (2021) und dem DAAD Diplom Stipendium (2023) ausgezeichnet.

Biography Born 1995 in Seoul, Jung A Lee studied at the weißensee school of art and design berlin from 2017 to 2023, graduating in painting with the *Anthill* project in 2023. During her studies, Jung A Lee had a solo exhibition showing *Anthill* at the Weserhalle Gallery in Berlin and participated in *Positions Berlin* during Berlin Art Week (both in 2023). She showcased her works as part of various group exhibitions, including *Assemble New Vibes* at the Embassy of the Republic of Korea in Germany (2022), *Tales of Womanhood* at Project Space Vedaniën (2023), and *Big City Baby* at Zitadelle Spandau (ZAK) in 2022. Her pieces, mentored by the professor Nader Ahriman, have been featured in several exhibitions in Germany, with her most recent exhibition at the Kleist Museum in Frankfurt (Oder). Additionally, Jung A Lee received the Mart Stam Germany Scholarship in 2021 and the DAAD Diploma Scholarship in 2023.

Jung A Lee: *Anthill*

- **Freie Kunst/Malerei, Diplom | Fine Arts/Painting, Diploma, 2023**
- **Betreuung | Supervision: Prof. Nader Ahriman**

w **leejung-a.com**
m **leee.jung.a@gmail.com**
ig **@jung_jung_a_a**

Marie Lempelius

Das arbeitende Bild

Arbeitsschwerpunkt In ihrer künstlerischen Arbeit beschäftigt sich Marie Lempelius vor allem mit dem Eigenleben von Bildern, automatisierten Prozessen und dem operativen Bild. Dabei verfolgt sie eine künstlerisch-forschende Arbeitsweise und nutzt u. a. Bewegtbild, Fotogrammetrie, Coding und 360°-Kameras, um sich auf poetische Weise mit dem Bild auseinanderzusetzen und die Autor*innenschaft dessen zu hinterfragen. Dabei macht sie sich zum Beispiel auf die endlose Suche durch künstliche Landschaften und Bilderwelten, entwirft eine Medientheorie der Taube oder hinterfragt die Wahrheit des Bildes. Das prozessbasierte Arbeiten spielt eine große Rolle in ihrer künstlerischen Auseinandersetzung und der Art und Weise, wie sie sich verschiedenen Themen annähert.

Working Focus In her artistic work, Marie Lempelius primarily focuses on the independent existence of pictures, automated processes, and the operational image. Taking an artistically inquiring approach, she uses such techniques as moving images, photogrammetry, coding, and 360-degree cameras to work with the image in a poetic manner and to scrutinize its authorship. In so doing, she engages in an endless quest through artificial landscapes and worlds of images, develops a media theory of the pigeon, or questions the truth of the image. Process-based work plays an important role in her artistic analysis and in the way she approaches various topics.

Über die Arbeit »In unermüdlichen Bahnen drehen 360°-Kamera und Roboterarm ihre Runden und sehen vermeintlich alles und doch nur sich selbst. Wo kein Ende in Sicht zu sein scheint, wird klar, sie sind nicht alleine und endlich können wir beobachten, was lange unsichtbar war: das arbeitende Bild. Nur das Blitzlichtgewitter könnte uns als stille Beobachter*innen enttarnen, während die Kamera wie ein Satellit ihre Kreise zieht. Während wir darauf warten, dass der Roboterarm endlich zum Stehen kommt, flimmern im Leuchtkasten die Überreste der operativen Bilder, denen ihre Bestimmung genommen wurde und die nun ihr Eigenleben entfalten. Die *Wettercam* surrt vor sich hin und hofft insgeheim darauf, dass sich nichts verändert. Ventilatoren lösen den vermeintlichen Stillstand des Bildes, bringen es in Bewegung und verhelfen diesem zu neuer Vitalität. Digitale Zustände werden enttarnt und in analoge Maschinerien zurückgebaut.«

Bilder entwickeln ein Eigenleben, Maschinen fangen an, selbst zu sehen, und das einst repräsentierende Bild zieht sich in das Unsichtbare zurück. Inspiriert von dem von Harun Farocki geprägten Begriff des operativen Bildes, stehen in der Installation *Das arbeitende Bild* jene Bilder im Mittelpunkt, die nie gesehen werden, jedoch konstant Arbeit leisten. Die Installation besteht aus drei Elementen: einer Videoprojektion, dem Leuchtkasten, einer Wettercam und außerdem einem Buch. In der Videoprojektion werden Roboterarm und 360°-Kamera mit ihrem Spiegelbild konfrontiert und sie sehen sich zum ersten Mal selbst beim Drehen ihrer unendlichen Runden. Im Leuchtkasten flimmert eine Fotografie vor sich hin, die durch die Auseinandersetzung mit Fotogrammetrie entstanden ist.

Operative Bilder, die sonst unsichtbar bleiben würden, bekommen eine zweite Chance, sich zu einem Modell zusammenzufinden und ihrer Bestimmung nachzugehen, aus vielen Schnipseln ein neues Modell zu generieren. Dabei wird ihnen ihre ursprüngliche »Operation« genommen und ein neues Moment entsteht. Die Wettercam ist ein Low-Tech-Rückbau einer Kamera, die pausenlos beobachtet und durch ihre Drehung Bildausschnitte offenbart. Das Modell spielt mit der Poesie dieser Bewegung und ahmt den Blick der Kamera nach.

Das mitausgestellte Buch versteht sich als Teil der künstlerischen Auseinandersetzung mit dem arbeitenden Bild und nimmt Textfragmente und ungesehene Bilder, die im Arbeitsprozess entstanden sind, mit in die Materialsammlung auf.

About the Project “Circling in tireless orbits, the 360° camera and robot arm supposedly see everything and yet see only themselves. Where no end appears to be in sight, it becomes clear that they are not alone, and at last we are able to observe what has long been invisible: the operational image. Only a flurry of camera flashes could unmask us, silent observers, while the camera circles like a satellite. As we wait for the robot arm to come to a stop at last, the remaining operative images flicker in the light box, deprived of their purpose and now unfolding a life of their own. The *Wettercam* keeps humming, secretly hoping that nothing will change. Ventilators resolve the image’s presumed standstill, set it in motion, and give it new vitality. Digital states are exposed and deconstructed to analogue machinery.”

The installation *Das arbeitende Bild* (The Operational Image) is a way of artistically coming to terms with automated imaging processes that examine the operation of the image. Research on the operational image was inspired by an obsessive preoccupation with the pigeon as a medium. Based on an attempt to establish a media theory of the pigeon, and my examination of the concept of nonhuman photography, I began to take a closer look at the concept of the operational image as coined by Harun Farocki: images come to have a life of their own, machines begin to see themselves, and the image loses its representational role by withdrawing into invisibility.

Thus, I intended to focus on the images which are not meant to be seen and yet are consistently at work. This approach gave rise to three different projects as well as a book, which meet again in an extensive installation. In the video projection, a mirror is held up to the robot arm and 360-degree camera, and for the first time they see themselves as they revolve endlessly. The photograph flickering in the light box came about as a result of my study of photogrammetry.

Operative images which would otherwise remain invisible are given a second chance to assemble into a model and to follow their purpose to generate a new model out of many tiny pieces. They are thus deprived of their “operation,” and new momentum is created. The *Wettercam* is a low-tech deconstruction of a camera which observes nonstop and reveals image details as it revolves. The model plays with the poetry of this motion and mimics the gaze of the camera.

The book that is included in the exposition is to be understood as part of the artistic analysis of the operational image, adding text fragments and unseen images created during the work process to the collection of material.

Statement der Jury Marie Lempelius, Visuelle Kommunikation, für ihre Arbeit mit dem Titel *Das arbeitende Bild*. In Zeiten, in denen technische Apparate die Produktion und Distribution von Bildern derart vorangetrieben haben, dass diese sich ohne menschlichen Einfluss verselbstständigen, fragt Marie Lempelius nach der sozialen Relevanz unserer bildlichen Realität. Sie spielt mit den Absurditäten einer kaum sichtbaren Bildwelt, die von und für Maschinen generiert wird.

Jury Statement Marie Lempelius, visual communication, for her work titled *Das arbeitende Bild* (The Operational Image). In a time when technical devices have pushed forward the production and distribution of images to such an extent that the images become independent without any human influence, Marie Lempelius examines the social relevance of our visual reality. She plays with the absurdities of a barely visible world of images generated by and for machines.

Installation: Leuchtkasten mit Fotografie (150 × 70,5 cm), Videoprojektion, Wettercam (Modell), Buch mit 98 Seiten | Installation: Light box with photograph (150 × 70.5 cm), video projection, *Wettercam* (model), 98-page book

Die Enttarnung des Mediums - die Kamera sieht sich zum ersten Mal selbst - Wer bist du?

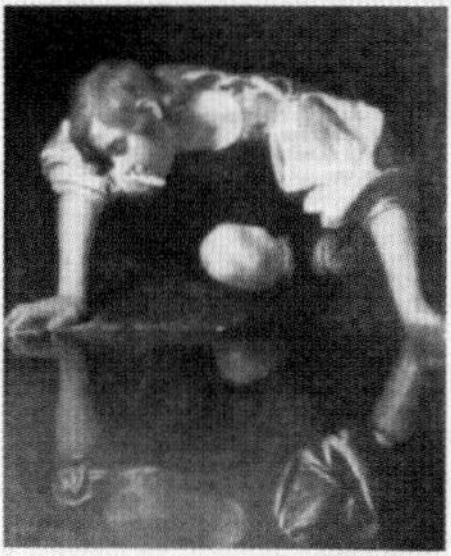

Narziss – Gemälde von Caravaggio, 1598/99 (Galleria Nazionale d'Arte Antica, Rom)

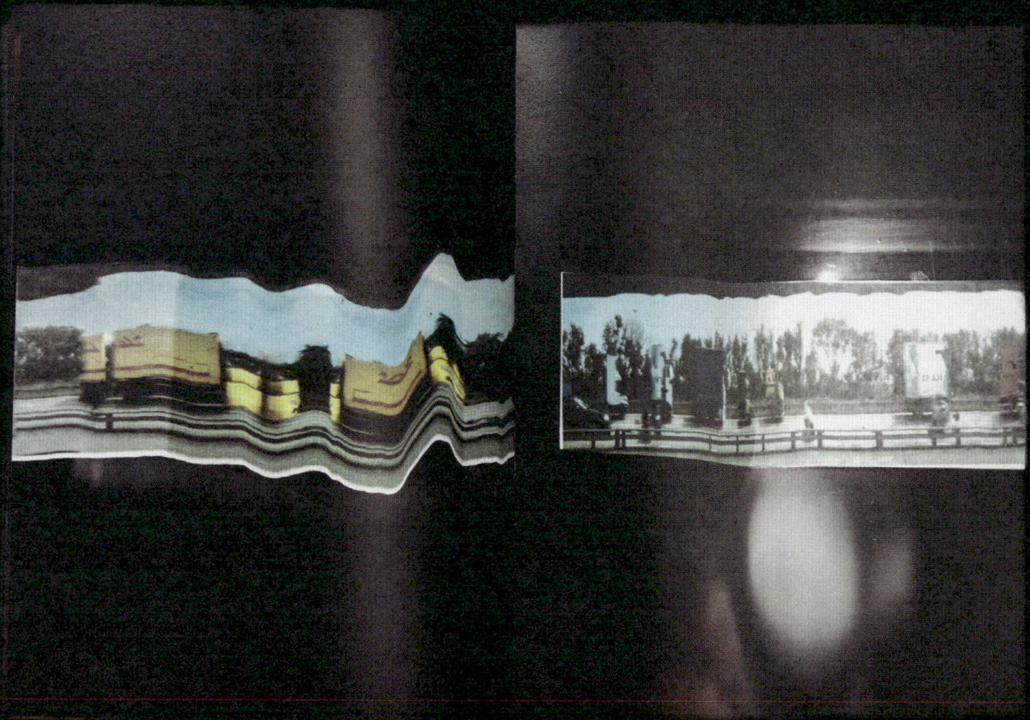

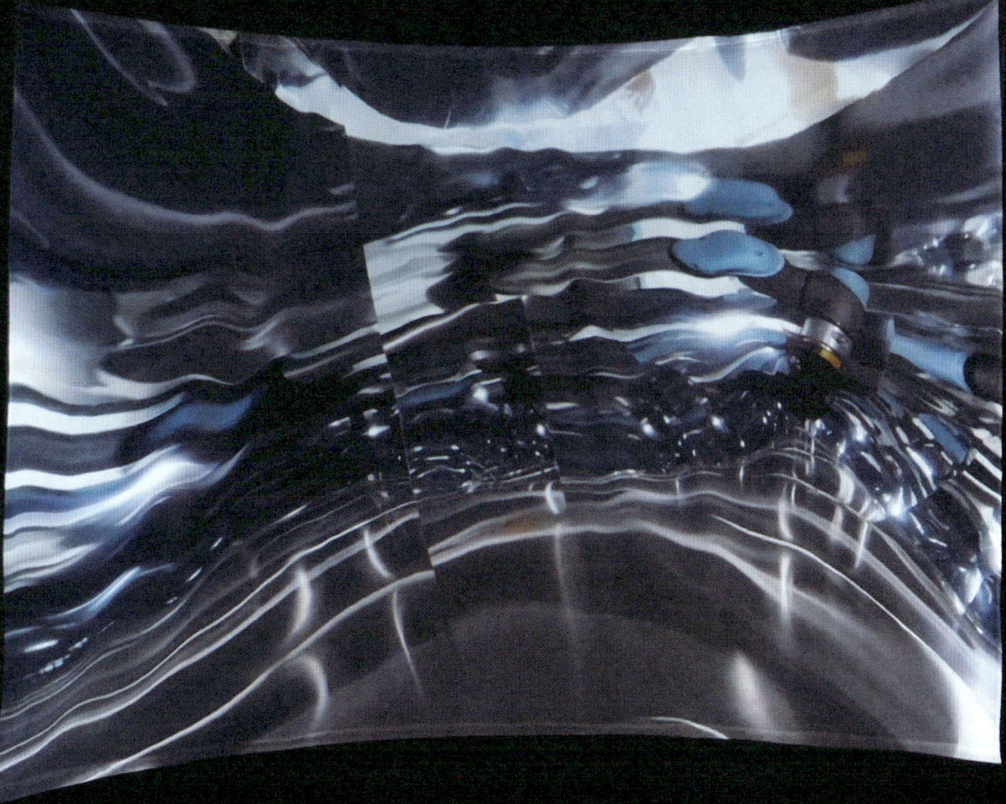

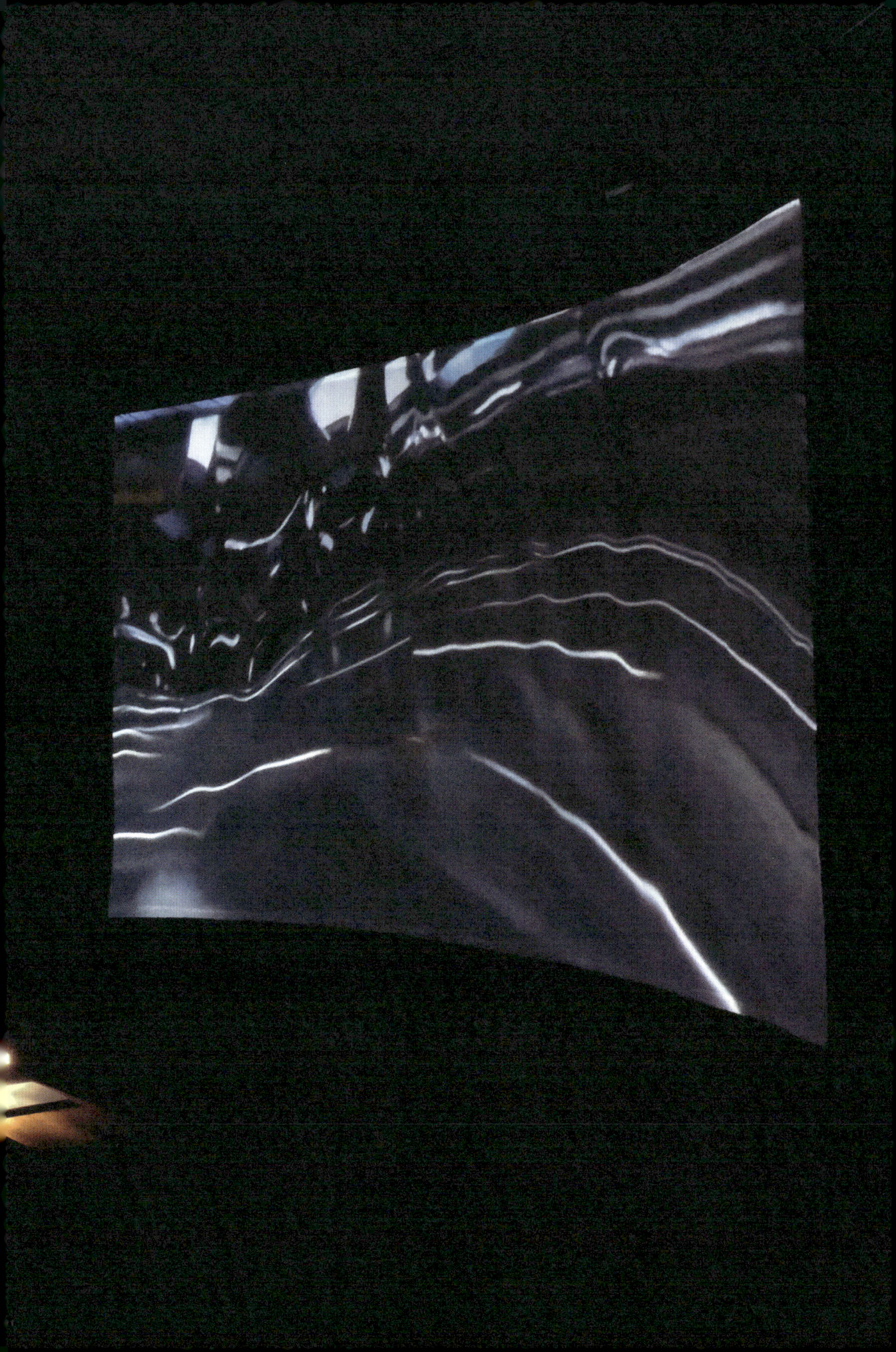

Biografie Marie Lempelius, geboren 1999 in Berlin, studierte von 2017 bis 2023 an der weißensee kunsthochschule berlin und schloss 2023 das Studium in der Fachrichtung Visuelle Kommunikation ab. Während ihres Studiums verfolgte sie bereits einen interdisziplinären, künstlerischen Ansatz und verbrachte neben einem Gastsemester in der Bildhauerei auch einen Erasmus-Aufenthalt an der Kunsthochschule in Riga, Lettland. Neben der Teilnahme an Ausstellungen wie *Leave the Frame* (2023) in der Galerie Kras, Wien, und *Süßes Nestwerk* (2023) im Berliner Zimmer, Berlin, stellte Marie Lempelius Anfang 2024 ihre ortsbezogene Live-Videoinstallation *Please help me find the truth* im Rahmen der Ausstellung *Softimage* im Lobe Block Berlin, aus. 2021 wurde sie mit dem Stipendium der Studienstiftung des deutschen Volkes ausgezeichnet. 2024 arbeitete Marie Lempelius als Videoassistentin an einer Theaterproduktion der Schaubühne Berlin.

Biography Marie Lempelius, born 1999 in Berlin, Germany, studied at the weißensee school of art and design berlin from 2017 to 2023, graduating with a degree in visual communication in 2023. Already while a student she took an interdisciplinary approach to art, and in addition to a guest semester in sculpture, she was an Erasmus student at the Art Academy in Riga, Latvia. Besides participating in such exhibitions as *Leave the Frame* (2023) at the Galerie Kras, Vienna, and *Süßes Nestwerk* (Sweet Nestwork, 2023) at the Berliner Zimmer, Berlin, in early 2024 Marie Lempelius showed her location-based live video installation *Please help me find the truth* as part of the exhibition *Softimage* at the Lobe Block, Berlin. In 2021, she received a scholarship from the German Academic Scholarship Foundation. In 2024, Marie Lempelius worked as a video assistant on a theater production at the Schaubühne Berlin.

Marie Lempelius: *Das arbeitende Bild*

- Visuelle Kommunikation | Visual Communication, Bachelor, 2023
- Betreuung | Supervision: Prof. Barbara Junge, Julian Netzer

m marielempelius@gmail.com
ig @marie_lmp

Nicolas Papayannis

Dosierte Bilder

Arbeitsschwerpunkt Das Gestalten von Informationen versteht Nicolas Papayannis als Übersetzungsarbeit, bei der die Besonderheiten eines Themas erörtert und in einer qualifizierten Bildsprache definiert werden, eine Sprache, die sich nicht allein auf das visuelle Erleben beschränkt, sondern die Interaktion von Medium und Mensch ganzheitlich denkt: von der Haptik einer Buchseite bis zum visuellen Rhythmus einer Animation. Dabei sind Mittel der subtilen Blickführung, journalistische Sorgfalt und der Wille zur Klarheit maßgebend für alle Gestaltungsfragen.

Working Focus Nicolas Papayannis sees the designing of information as translation work, whereby the special features of a topic are discussed and defined using skilled visual vocabulary. This is a vocabulary that is not restricted to visual experience alone, but that holistically considers the interaction of medium and human being: from the feel of a page in a book to the visual rhythm of an animation. At the same time, ways of subtly guiding a viewer's eyes, journalistic professionalism, and commitment to clarity are crucial for all design issues.

LOGOS DER SECHS EINFLUSSREICHSTEN PARTEIEN

Ruben Pater erkennt die psychologische Funktion von Marken, indem er sie als Ersatz sozialer Beziehungen benennt: […] »Brands create brand personalities as a substitute for human relationships«[2]. Wie ein trojanisches Pferd imitiert die Corporate Identity die Identität der Zielgruppe, um im Schatten des Vertrauens Ideale zu manifestieren.

75

MINIMALDRAMATISCHE ADAPTIONEN MIT DEN AKTUELLEN HAUSSCHRIFTEN DER PARTEIEN

Um aus dem Bild ein Zeichen zu machen, darf es nur eine Referenz des Realen sein – Keine Konstruktion von dessen Utopie. Im dualen Korsett von zwei Glyphen, zwei Farben (in diesem Fall sind schwarz und weiß als Farben zu betrachten) und zwei Formen (Schrift und Kreis), ergibt sich ein Zeichen, das universell und individuell zugleich ist.

Über die Arbeit Nicolas Papayannis' Arbeit *Dosierte Bilder* ist ein Plädoyer für eine bessere Welt, ein konstruktiver Vorschlag für den Umgang mit einer überlastenden Bilderflut und eine Handlungsempfehlung für Gestalter*innen der Gegenwart und Zukunft.

In aller Kürze: Um eine alltägliche visuelle Überforderung einzudämmen, um Bildpoesie überhaupt wirken zu lassen und um visueller Kommunikation eine wieder vernehmbare Stimme zu verleihen, schlägt Nicolas Papayannis vor, die Werkzeuge der Gestaltung radikal zu beschränken. Praktisch würde sich dies in einer Schrift- und Farbreduktion sowie in einer Art Bilderverbot im Bereich werbender Kommunikation niederschlagen, also einer Vereinheitlichung von visueller Präsenz. Im Bereich von stark bildlastigen, persönlichen Medien, wie beispielsweise Instagram, schlägt Nicolas Papayannis eine extreme Abstrahierung der Bildinhalte vor, sodass sich auch hier eine Gleichförmigkeit der Inhalte einstellen sollte.

Das für sich und andere werbende Bild soll aus der Öffentlichkeit verbannt werden und nur im privaten Gebrauch erlaubt sein.

Anwendungsbeispiele werden im Leitfaden gleich mitgeliefert, sodass gar nicht erst lang über die visuellen Möglichkeiten nachgedacht werden muss. Dennoch bleiben die gesellschaftlichen Auswirkungen spekulativ. Eine stark regulierte (nicht nur visuelle) Welt hat immer auch eine Tendenz, totalitär zu werden. Andererseits könnten wir auch behaupten, aktuell schon in einer Diktatur der Reizüberflutung zu leben.

Ein Feldversuch wäre interessant, auch weil ein wenig unklar bleibt, wie genau das strikte Regelwerk verankert und Kontrolle und Ahndung möglich wären. Vielleicht ist das aber auch gar nicht so wichtig, denn vorerst geht es lediglich darum, eine Idee zu etablieren.

Nicolas Papayannis' Intention ist die Re-Poetisierung einer durch gestalterische Aufrüstung banalisierten Außenwelt. Die Frage, ob sein Beitrag so umgesetzt zu einer Utopie oder Dystopie würde, wird in seiner Arbeit jedoch nicht beantwortet, sondern an die werten Leser*innen weitergereicht.

Matthias Hübner
Künstlerischer Mitarbeiter, Visuelle Kommunikation, weißensee kunsthochschule berlin

About the Project Nicolas Papayannis's work *Dosierte Bilder: Ein Plädoyer zur Regulation Visueller Kommunikation* (Images in Doses: A Plea for Regulating Visual Communication) is an appeal for a better world, a constructive proposal for dealing with a congested world of images, and a recommendation for action for those designing our present and future.

To put it briefly: in order to curb daily visual overload, to allow the poetry of images to have an effect at all, and to give visual communication a voice that can be heard again, Nicolas Papayannis proposes that the tools of design be radically restricted. In practice this would be reflected in a reduction of written text and color, as well as in a kind of ban on images relating to advertising communication, that is, in a standardization of visual presence. In the area of highly image-heavy, personal media, such as Instagram for instance, Nicolas Papayannis proposes an extreme abstraction of the image contents, so that here, too, content uniformity should be achieved.

Images that promote oneself and others are to be banished from the public sphere and be permitted for personal use only.

Application examples are provided in the introduction, so that there is no need to give much thought to the visual possibilities. But the societal implications remain speculative. A highly regulated (not merely visual) world always also tends to become totalitarian. On the other hand, we might also claim that we are currently already living in a dictatorship of sensory overload.

A field study would be interesting, partly because it remains somewhat unclear just how scrupulously the strict rules and regulations would be enforced and how monitoring and penalization would be possible. But perhaps that is not even so important: for the time being all we are doing is establishing an idea.

Nicolas Papayannis's intention is to re-poetize an outside world trivialized by design-based enhancement. However, his work provides no answer to the question whether his project, implemented in this way, would turn into a utopia or a dystopia; rather, he leaves the answer up to his readers.

Matthias Hübner
Artistic associate, visual communication, weißensee school of art and design berlin

Statement der Jury Nicolas Papayannis, Visuelle Kommunikation, für sein Buch *Dosierte Bilder – Ein Plädoyer zur Regulation Visueller Kommunikation*. Nicolas Papayannis plädiert für eine radikale Reduktion der uns täglich in der Werbung und in den sozialen Medien bedrängenden Bilder. Seine Arbeit ist als polemischer Kommentar auf die manipulative Macht der Bilder zu verstehen – und als eine Auseinandersetzung mit der Verantwortung von Design in einer Zeit, in der wir zunehmend nicht mehr beantworten können, was »echt« und was KI-generiert ist.

Jury Statement Nicolas Papayannis, visual communication, for his book *Dosierte Bilder – Ein Plädoyer zur Regulation Visueller Kommunikation* (Images in Doses: A Plea for Regulating Visual Communication). Nicolas Papayannis makes a case for a radical reduction of the images that pester us daily in advertising and social media. His work is to be understood as a polemical commentary on the manipulative power of images—and as a critical look at the accountability of design in an era when, to an increasing extent, we can no longer tell what is "genuine" and what is AI-generated.

PLAKAT DER SPD-KANDIDATIN FRANZISKA GIFFEY FÜR DIE LANDTAGSWAHL 2022

Als Kurt Tucholsky mit der Phrase »Ein Bild sagt mehr als tausend Worte«[9] das politische Potenzial des Bildes beschrieb, warnte er vor der propagandistischen Manipulation und lobte gleichzeitig dessen revolutionäre Sprengkraft. Und während das Bild als Werkzeug des Protests bestehen muss, scheint es in Kampagnen etablierter Parteien obsolet. Was sagt uns schon ein Bild wie dieses, außer, dass die Partei in romantisch, gewitzter Weise für Menschen des prekären Milieus eintreten möchte, welches sie gleichzeitig durch eine stereotypische Darstellung zu verhöhnen scheint. Wenn man die Menschen als die mündigen Wählerinnen und Wähler anerkennt, die sie sind, wären ein paar mehr Worte angebracht – es müssen auch keine tausend sein.

die öffentliche Meinung mithilfe visueller Kommunikation beeinflusst. So hat es sich unter anderem etabliert, dass politische Kampagnen westlicher Demokratien auf dieselben Kommunikationsstrategien wie die der Werbung setzen. Unter der bewussten Inkaufnahme verklausulierter Inhalte missbraucht der visuelle Wahlkampf die Emotionen von Wählerinnen und Wählern und spielt mit deren Wahrnehmung. Besonders perfide erscheint es, dass auch bei konsequent sinkenden Wahlbeteiligungen den Bürgerinnen und Bürgern nicht das politische Verständnis zugetraut wird, das einen emanzipierten Menschen auszeichnet. Hinzu kommt, dass mit steigendem Budget die Kampagne an Qualität, Reichweite und schlussendlich an politischer Einflussnahme gewinnt. Ist eine solche Praktik nicht im Kern undemokratisch?

Der Typograf Josef Müller-Brockmann schrieb hierzu in seinem Buch »Raster systeme« folgenden Satz: »In der sachlichen, dem Allgemeinwohl verpflichteten, gut komponierten und kultivierten Gestaltung liegen die Voraussetzungen für demokratisches Verhalten«.[10] Und so lobenswert diese Feststellung auch sein mag, veranschaulicht sie doch ein entscheidendes Problem bei der Suche nach Objektivität im Design: Was ist *gut*? Kann eine Information überhaupt objektiv sein? Die Worte auf dem Plakat einer politischen Kampagne werden immer das Resultat einer subjektiven Entscheidung des Senders bzw. der Senderin sein. Populismus und Manipulation beginnen nicht mit der visuellen Gestaltung, werden durch sie aber erst effizient verbreitet. Aktuelle Wahlkämpfe nutzen nahezu alle verfügbaren Mittel der visuellen Kommunikation. Ziel einer informativen Gestaltung sollte es jedoch sein, die Absurdität und fehlende Tiefe dieser Aussagen zu offenbaren. Eine derartige Gestaltung hat nicht nur den Anspruch, Bürgerinnen und Bürger in ihrer demokratischen Verantwortung ernst zu nehmen und sie entsprechend zu informieren, sondern auch den politischen Diskurs von ideologischen hin zu sachlichen Inhalten zu führen.

BILD DER INFLUENCERIN MARISA HOFMEISTER

Irgendwo im Nebel der Abstraktion liegt der schmale Grat an Information, dessen Gestaltung gerade so viel Auskunft über die zu vermittelnde Stimmung und Handlung gibt, als dass beim Betrachten ein intrinsisches, aber nicht invasives Gedankenbild entsteht. Wie bereits in dem vorigen Kapitel beschrieben, geht es darum, einen visuellen Impuls zu liefern, der den Raum für Erinnerungsbilder anstelle, von Wahrnehmungsbildern schafft. Dabei verhält es sich wie mit der Schrift: gänzlich lässt sich die intuitive Erkenntnis nicht von dem Bild lösen, aber doch auf ein verträgliches Maß reduzieren. Als verträglich definiere, ich eine Information, die nicht beliebig, aber auch nicht absolut ist und trotz präsentativer Natur eine intellektuelle Beurteilung erleichtert. Was nun folgt, ist der Versuch eine minimaldramatische Balance aus Form und Farbe zu finden. Die Stimmung eines Bildes, getragen von dem unterschiedlich reflektierten Licht, gilt es mit der Handlung universalisierter Körper zu verbinden.

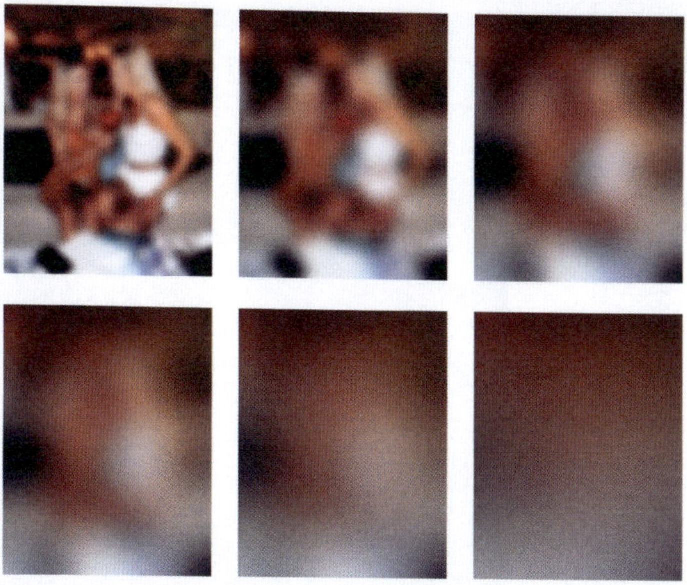

Zur Abstraktion und Beruhigung des Bildes scheint zunächst die gleichmäßige Weichzeichnung ein geeignetes Mittel zu sein. Bei der stufenweisen Annäherung stellt sich jedoch raus, dass Form und Farbe sich voneinander entfernen, ohne je in einem verträglichen Abstand zueinanderzustehen. Ehe das Bild an Körperlichkeit verliert, verschwimmt die farbliche Stimmung ins Belanglose.

TV-MAGAZINE AUS DEM MONAT MAI 2023

Die von mir aufgeführten Anwendungsbereiche sind gewiss nicht die Einzigen, für die eine Regulierung der Bildsprache zuträglich wäre. Das Diktat der Marktforschung bestimmt eine Bildsprache, welche die Zielgruppe scheinbar mechanisch zu einer Kaufentscheidung führt. Und obwohl die Mechanismen hinlänglich bekannt sind, gewinnt die Praxis durch immer ausgereiftere Datenerhebungen an Treffsicherheit. Zugegeben, der Gedanke daran, die Grenzen von Kultur und Journalismus zu definieren ist überwältigend und wird im Folgenden bewusst vernachlässigt. Hingegen bieten zur Wahl gelistete Parteien und im Handelsregister geführte Konzerne einen konkreten Ausgangspunkt für das vorliegende Thema.

Begriffe zum Zweck der Konservierung und Verbreitung. Dem gleichen Prinzip dieser sogenannten »Gegenstandsschriften« folgen auch Bilderschriften oder piktografische Schriften, welche die Umwelt in zweidimensionaler Form symbolisieren. Und obwohl die hier eingeläutete Transformation einer verbalen hinzu einer literarischen Gesellschaft revolutionär war, beschränkte sie sich doch nur auf Objekte und Subjekte, obgleich diese auch metaphorisch zu lesen waren. Das Schriftsystem, welches wir heute nutzen und diesen Text verständlich macht, beruht nicht auf symbolischen Abbildung des Sichtbaren, sondern auf der gesellschaftlichen Übereinkunft, dass noch abstraktere Zeichen und Zeichenfolgen gesprochene Laute symbolisieren. Nun waren alphabetische Schriften zwar imstande, der Komplexität formloser Gedanken näherzukommen, taten dies allerdings in höchst exklusiver Art und Weise – und das gleich in zweierlei Hinsicht. So ist das geschriebene Wort, wie auch das gesprochene, an die Region gebunden, in der die Sprache verwendet wird. Doch auch innerhalb einer Sprachgemeinschaft war das Lesen und Schreiben wenigen Gelehrten vorbehalten. Diese ungleich verteilte Teilhabe an Wissen, spiegelte sich auch in den gesellschaftspolitischen Verhältnissen wider und festigte die Strukturen einer Ständegesellschaft, in der das einfache Volk auf die Interpretationen und Auslegungen höher gestellter in Sachen Religion und Recht verdammt war. Strukturen, die sich auch in der Bildwelt, mittels Herrschaftsbilder und biblischen Darstellungen, manifestierten. Um von politische Ereignissen oder Themen rund um das kulturelle und soziale Leben zu erfahren, behalfen sich Analphabeten und Analphabetinnen stattdessen mit Sagen und Darstellungen der einfachsten Art. Besonders populär waren dabei satirische oder humoristische Abbildungen, also Karikaturen, welche das Thema erkennbar, wenngleich diffus wieder gaben.[4] Mit der Einführung des Buchdrucks in Europa, Mitte des 15. Jahrhunderts, begann schließlich die literarische Demokratisierung. Und wo es mehr Literaten und Literatinnen gibt, findet auch mehr Dialog, Debatte und Innovation statt. Der im darauffolgenden Jahrhundert entbrannte Reformationsstreit ist ein Beispiel für die aufklärerische Tragweite eines solchen Austauschs, welcher sich selbstverständlich auch in der bildenden Kunst ausdrückte.[5] Während theoretische Triebfedern wie die Glaubensfrage und die intellektuelle Liberalisierung immer mehr Themen in Bild und Text zuließen, sorgten handwerkliche Neuerungen

und der Wille zur Distinktion für immer ausgereiftere Ausdrucksformen. Es verwundert also nicht, dass mit fortschreitendem Kommunikationsniveau die Frage nach dem idealen Medium aufkam. Diesen, in der Kunsttheorie als »Paragone« bezeichneten, Streit möchte ich zum Anlass nehmen, von der hier im Ansatz beschriebenen Mediengeschichte zu der philosophischen Qualität jener Disziplinen überzuleiten.

PARALLELES VERSTEHEN UND LINEARES DENKEN

In der Renaissance und Frühromantik umkreiste der Kunststreit die Frage, ob nun Malerei oder Bildhauerei zu bevorzugen sei. In der Debatte, mit wechselndem Ergebnis, wurde aber auch das geschriebene Wort berücksichtigt. So prägt insbesondere der römische Dichter Horaz das Literaturverständnis des 16. Jahrhunderts mit der Phrase »Ut pictura poesis«,[6] ein Gedicht sei wie ein Gemälde, und meint damit gewissermaßen, dass beim Lesen ein der Malerei gleichwertiges Bild in der Vorstellung entstehe. Eine weitaus differenziertere Betrachtung unternimmt der Dichter G. E. Lessing in seinem Buch »Laokoon – oder über die Grenzen der Malerei und Poesie« aus dem Jahre 1766. Lessing vergleicht darin verschiedene Werke, rückt aber die Gegenüberstellung des von Virgil geschriebenen Mythos um den Laokoon und die skulpturale Darstellung der gleichen Handlung in den Mittelpunkt seiner Überlegungen. Anstatt jedoch wie seine Vordenker eine allumfassende Überlegenheit des einzelnen Mediums zu suchen, stellt Lessing die jeweiligen Charakteristiken von Schrift und Bild heraus und ebnet damit den Weg für unser heutiges Medienverständnis. Konkret wird er etwa, wenn es um die Aussagekraft des nicht dargestellten Schreis der Laokoon-Gruppe geht.[7] Während dieser in dem geschriebenen Mythos eindringlich beschrieben wird, wählten die Bildhauer einen Augenblick des Todeskampfes, in welchem der Vater mit geöffneten, aber nicht schreienden Mund gezeigt wird. Es ist genau diese fein kalkulierte Betrachtung, in der Lessing die geballte Dramatik der Situation zu erkennen glaubt. Während der beschriebene Schrei die Vorstellung des ultimativen Schmerzes vermittelt, evoziere hingegen das dargestellte Spannungsfeld im Gesicht des Mannes, kurz vor dem Schrei, das entsprechende Gefühl.

In einem anderen Beispiel betrachtet Lessing die literarischen und bildlichen Mythen rund um die Göttin der Liebe, Venus. So hält er fest, dass die Darstellung jener Göttin in der Malerei stets

MINIMALDRAMATISCHES VERPACKUNGSDESIGN

Der gestalterische Dualismus lässt sich auch auf Konsumgüter anwenden. Vorder- und Rückseite stehen im Dialog des Objekts, während auf der Ansichtsseite der Inhalt ein informatives Spannungsfeld mit der Marke erzeugt. Die Informationen auf der Ansichtsseite strukturieren sich nach deren Relevanz: Zu Beginn steht die Mengenangabe, gefolgt von der *Produktbezeichnung I*, welche eine aus dem Handelsregister entlehnte Bezeichnung für das Produkt aufführt. Die *Produktbezeichnung II* schließt den linksbündigen Textteil ab und bietet ergänzende Informationen zu dem Produkttyp. Die Marke ist für Käuferinnen und Käufer eine zweitrangige Information und steht deshalb diagonal zu dem erwähnten Text. Das Logo wird durch eine Markenbezeichnung ersetzt, die typografisch der primären Information entlehnt ist. Lediglich die Farbe unterscheidet das Schriftbild.

Mit den zwei Variablen von Farbe und Font ist eine ausreichende Differenzierung zu anderen Anbietern gewährleistet. Gleichzeitig begünstigt der verpflichtende Gebrauch des gleichen Schriftbildes eine lesbare Schrift – schließlich ist es im Interesse der Konzerne, dass die Produktbezeichnung erkennbar bleibt.

Mit den Abstandsregeln des Layouts verhält es sich ähnlich zu den politischen Plakaten, mit dem Unterschied, dass sich die Gestaltung der Ansichtsseite nach der Textgröße der Inhaltsangabe richtet. Als die wohl sachlichste Ebene ist sie die Grundlage für einen mündigen Konsum und sollte entsprechend viel Platz bekommen. Eine formatfüllende Inhaltsangabe in dem Schrifttyp DIN Condensed Medium sollte im Blocksatz zwischen 60 und 75 Zeichen pro Zeile haben. Die Schriftgröße auf der Ansichtsseite darf maximal das vierfache der auf der Rückseite verwendeten Größe betragen.

Biografie Nicolas Papayannis, geboren 1995 in Frankfurt am Main, begann 2016 sein Studium in Kommunikationsdesign an der Hochschule für Angewandte Wissenschaften in Hamburg. In den Kursen Heike Grebins und Stefan Stefanescus entdeckte er sein Interesse für Detailtypografie und redaktionelle Gestaltung. Nach einem Praktikum bei der *Zeit* und einer Auszeichnung des ADCs mit einem goldenen Nagel wechselte er an die weißensee kunsthochschule berlin, um sein Studium mit einem konzeptionelleren Fokus fortzuführen. Für seine Bachelorarbeit, die von der Kulturstiftung des Bundes gefördert wurde, entwickelte er ein partizipatives Onlinearchiv für das Museum Utopie und Alltag in Eisenhüttenstadt. Neben seiner freiberuflichen Tätigkeit betreute er in der Berliner Agentur formdusche Kunden wie das Hessische Staatsorchester Wiesbaden, die Oper Leipzig und das GRIPS Theater in Berlin.

Biography Nicolas Papayannis, born 1995 in Frankfurt am Main, Germany, began his studies in the Department of Design at the Hamburg University of Applied Sciences in 2016. While taking courses from Heike Grebin and Stefan Stefanescu, he discovered his interest in detail typography and editorial design. After an internship with the weekly *Zeit* and an ADC Award with a Golden Nail, he transferred to the weißensee school of art and design berlin in order to continue his studies with a more conceptional focus. For his bachelor's project, which was supported by the German Federal Cultural Foundation, Papayannis developed a participative online archive for the Museum of Utopia and Everyday Life in Eisenhüttenstadt. In addition to his freelance activities, he worked at the Berlin design studio formdusche, serving clients such as the Hessian State Orchestra Wiesbaden, the Leipzig Opera, and the GRIPS Theater in Berlin.

Nicolas Papayannis: *Dosierte Bilder – Ein Plädoyer zur Regulation Visueller Kommunikation*

- Visuelle Kommunikation | Visual Communication, Master, 2023
- Betreuung | Supervision: Prof. Wim Westerveld, Matthias Hübner

m kontakt@nicopapaxannis.com

ig @nico.papayannis

Belen Resnikowski

Awicha

Arbeitsschwerpunkt Belen Resnikowskis künstlerische Praxis ist eine differenzierte Erforschung der Selbstreflexion, die ihre Inspiration aus persönlichen Erfahrungen, Erinnerungen und Beziehungen schöpft. Geboren in Bolivien, formt die Künstlerin mit ihrer Erfahrung der ständigen Migration eine Erzählung der Entfremdung und der Suche nach Zugehörigkeit. Mit ihrer Arbeit taucht sie ein in universelle menschliche Emotionen, von Trauer bis Liebe, und findet Ausdruck durch verschiedene Medien wie Video, Skulptur und Installation. Sie stellt konventionelle Normen infrage und nutzt vielfältige Materialien, um einen ephemeren Raum zu schaffen, der ein kollektives Gefühl der Zugehörigkeit vermittelt.

Working Focus Belen Resnikowski's artistic practice is a nuanced exploration of self-refection, drawing inspiration from personal experiences, memories, and relationships. Born in Bolivia, the artist with her experience of constant migration shapes a narrative of detachment and the search for belonging. Her work delves into universal human emotions, from grief to love, expressed through various mediums like video, sculpture, and installation. Belen Resnikowski challenges conventional norms, using diverse materials to craft an ephemeral space resonating with a collective sense of belonging.

Awicha

Über die Arbeit Auszug aus einem Gespräch zwischen Dirk Peuker (**DP**) und Belen Resnikowski (**BR**) vom 15. Januar 2024

(**DP**) Dein Film *Awicha* setzt sich im weitesten Sinne mit deiner Heimat Bolivien, der Salzwüste als Landschaft der Erinnerung und der Sicht auf Bolivien durch die Augen deiner Familie und Freund*innen auseinander. Welche Beziehung hast du zu deiner Großmutter und warum wird sie zur Sprecherin deiner Gefühle und Gedanken, wenn du an Bolivien denkst?

(**BR**) Ein wenig ähnelt der Titel *Awicha* dem Wort »Achachila«, dem heiligen Namen für Berge in der Aymara-Sprache, was bedeutet, dass man den Bergen mit Respekt begegnen soll, demselben Respekt, den man seinen Großeltern entgegenbringen sollte. Ich habe diesen Titel auch gewählt, weil ich eine Verbindung zu meiner Großmutter herstellen wollte, die im übertragenen Sinne für mich auch wie ein Berg ist. Trotz der Entfernung habe ich eine sehr enge Beziehung zu ihr. Ein Teil des Films erzählt die Geschichte meiner Familie, ein anderer Teil beschreibt meine Gefühle in dem Moment, in dem ich wieder in diese Landschaft trete. Die Menschen, die im Film sprechen, sprechen im Grunde durch mich und beschreiben meine Gedanken. Es war meiner Großmutter immer sehr wichtig, uns Geschichten zu erzählen und ihr Wissen weiterzugeben. Sie ist jetzt 92 Jahre alt. Sie wurde in Berlin geboren und ging 1938 im Alter von sieben Jahren nach Bolivien. Ihr Großvater war Archäologe und erforschte präkolumbianische Architektur in Bolivien.

(**DP**) Du inszenierst und filmst dich oft in performativen Situationen mit Video, arbeitest im Gegensatz dazu aber auch gerne sehr intuitiv, ohne Licht und ohne Ton, sehr autobiografisch in Form eines visuellen Tagebuchs mit Super 8. Welche Funktion hat die Landschaft in deinen Filmen und welche Bedeutung die Tonmontage?

(**BR**) Zunächst drehe ich immer, ohne mein Gesicht zu zeigen, damit andere Personen die Möglichkeit haben, sich mit mir zu identifizieren. Eine weitere wichtige Frage ist, wie ich diese Person, die ich bin und die ich zeige, mit der Landschaft verbinden kann, sodass beide miteinander verschmelzen. Als Menschen sind wir Teil der Natur, und ich möchte diese Trennung zwischen Mensch und Natur aufheben. Wenn ich digital drehe, dann kann ich jederzeit kontrollieren, was ich mache, mit Super 8 hingegen passiert das Unvorhergesehene. Mein Lieblingston ist die Stille. In *Awicha* spricht zwar eine Stimme zu uns, ansonsten gibt es aber nur Wind und der ist kaum zu hören. Das entspricht sehr der realen akustischen Erfahrung, die man in der Salzwüste macht.

About the Project Excerpt from a conversation between Dirk Peuker (**DP**) and Belen Resnikowski (**BR**), January 15, 2024.

(**DP**) Your film *Awicha* deals in the broadest sense with your homeland Bolivia, the salt desert as a landscape of memory, and the view of Bolivia through the eyes of your family. What is your relationship with your grandmother? And why does she become the spokesperson for your feelings and thoughts when you think about Bolivia?

(**BR**) The title *Awicha* is also very close to the word *Achachila,* which is the sacred name for mountains in the Aymara language, signifying that one should face the mountains with respect. The same respect that you should have for your grandparents. I also chose this title because I wanted to establish a connection to my grandmother, who is like a mountain to me, in a figurative sense. Despite the distance, I have a very close relationship with my grandmother. One part of the film tells the story of my family, while another part describes my feelings in the very moment when I set foot in this landscape again. The people who speak in the film basically speak through me and describe my thoughts. It was always very important to my grandmother to tell us stories, to pass on her knowledge. She is now ninety-two years old. She was born in Berlin, Germany, and left for Bolivia in 1938 when she was seven years old. Her grandfather was an archaeologist and had researched pre-Columbian architecture in Bolivia.

(**DP**) You often stage and film yourself in performative situations with video, but in contrast you also like to work very intuitively, without light and without sound, very autobiographically in the form of a visual diary with Super 8 film. What function does the landscape have in your films? And what significance does the sound montage have?

(**BR**) First of all, I always shoot without showing my face, so that other people have the opportunity to identify with me. Another important question is: How can I connect the person I am and the person I show with the landscape so that the two merge into one? As humans, we are a part of nature, so I want to remove the separation between man and nature. When I shoot digitally, I can always control what I'm doing, whereas with Super 8, the unexpected happens. My favorite sound is silence. In *Awicha,* a voice speaks to us, but otherwise there is only wind, and it is barely audible. It's very similar to the real acoustic experience you have in the salt desert.

Statement der Jury Belen Resnikowski, Bildhauerei, für ihr Video *Awicha*. Auf der Suche nach ihrer Geschichte entführt uns Belen Resnikowski mit subtiler Dramaturgie in die Landschaft ihrer bolivianischen Heimat.

Jury Statement Belen Resnikowski, sculpture, for her video *Awicha*. In search of her history, Belen Resnikowski transports us with subtle dramaturgy into the landscape of her Bolivian homeland.

Awicha

Awicha

Selbst dann

Biografie Belen Resnikowski, geboren 1989 in Bolivien, studierte von 2017 bis 2023 Bildhauerei an der weißensee kunsthochschule berlin und schloss ihr Studium 2023 mit dem Projekt *Awicha* ab. Ihre künstlerische Reise erstreckt sich über die akademische Welt hinaus und erhielt weltweite Anerkennung beim Non-syntax Experimental Image Festival 2021 in der Calm & Punk Gallery in Tokio, kuratiert von Qiuyu Jin und Hsu Chun Yi. Im Jahr 2024 wurde ihre Arbeit *Awicha* für die Ausstellung auf der Every Woman Biennial in der La MaMa Galleria in New York City ausgewählt.

Belen Resnikowski hat an zahlreichen Ausstellungen in ganz Europa teilgenommen und präsentierte ihre Arbeit während verschiedener Residenzen. Besonders erwähnenswert ist ihre Auszeichnung mit dem renommierten Cusanuswerk-Stipendium, ein Beweis für ihre Hingabe und Exzellenz auf dem Gebiet der Kunst.

Biography Born in Bolivia in 1989, Belen Resnikowski studied fine arts in the sculpture department at the weißensee school of art and design berlin from 2017 to 2023, which culminated in her graduation in 2023 with a degree in sculpture, completing the project *Awicha*. Her artistic journey extends beyond academia, with global recognition received at the 2021 Non-syntax Experimental Image Festival in Tokyo, curated by Qiuyu Jin and Hsu Chun Yi, at the Calm & Punk Gallery. In 2024, her work *Awicha* was selected for exhibition at the Every Woman Biennial at La MaMa Galleria in New York City.

Belen Resnikowski has actively participated in numerous exhibitions across Europe, also presenting her work during various residencies. Notably, she has been honored with the prestigious Cusanuswerk scholarship, a testament to her dedication and excellence in the field of art.

Belen Resnikowski: *Awicha*

- Freie Kunst/Bildhauerei, Diplom | Fine Arts / Sculpture, Diploma, 2023
- Betreuung | Supervision: Prof. Albrecht Schäfer, Dirk Peuker

w belenresnikowski.cargo.site
m b.resnikowski@gmail.com
ig @belenresnikowski

Johannes Schmidtner

Urban Sails

Arbeitsschwerpunkt Johannes Schmidtner verfolgt in seiner Arbeit einen forschungsorientierten und ganzheitlichen Ansatz in der Produktentwicklung. Sein Fokus liegt dabei auf der Konvergenz von Technologie, Materialien und den soziokulturellen Auswirkungen, um Innovationen durch die Einführung neuer Prozesse und Systeme voranzutreiben. Überzeugt von der Innovationskraft interdisziplinärer Zusammenarbeit, lässt er sich kontinuierlich von vielversprechenden Technologien und Materialentwicklungen inspirieren.

Working Focus In his project, Johannes Schmidtner adopts a research-oriented and holistic approach to product development. His focus is on the convergence of technology, materials, and their sociocultural effects, with the goal of driving innovation by introducing new processes and systems. Convinced by the innovative capacity of interdisciplinary collaboration, he is continually inspired by promising technologies and material developments.

Über die Arbeit Johannes Schmidtners Masterarbeit *Urban Sails* adressiert auf innovative Weise die Herausforderungen der globalen Energiewende hin zu erneuerbaren Energien. Speziell die Akzeptanzprobleme, die den Ausbau neuer Energieinfrastrukturen hemmen, werden in der Arbeit eingehend betrachtet. Das Konzept, Windturbinen für den urbanen Raum zu entwickeln, basiert auf einer gründlichen Auseinandersetzung mit den technologischen und soziokulturellen Herausforderungen. In einer Zeit, in der weniger Effizienz, sondern Resilienz von Energiesystemen an Bedeutung gewinnt, stellt die Integration kleiner Windturbinen in städtische Gebiete ein vielversprechendes zusätzliches Energiepotenzial dar.

Das Projekt *Urban Sails* ergänzt bestehende Windkraftanlagen und fördert die Akzeptanz von Windtechnologie. Es ist damit weniger eine technologische Innovation als vielmehr die Entwicklung und Gestaltung einer attraktiven kleinteiligen Energieinfrastruktur, die dezentrale Energieproduktion ermöglicht und damit den Zugang zu Energie demokratisiert. Der Designansatz, insbesondere die Verwendung flexibler Materialien wie großflächige Textilsegel, hebt sich bewusst von der technischen Erscheinung moderner Windturbinen ab und propagiert eine visuell leichtere, an traditionelle Windnutzungen erinnernde Ästhetik von Windmühlen. Der gewählte Maßstab für *Urban Sails* integriert sich nahtlos in den urbanen Raum. Die Reihung dieser Turbinen mit ihren sanften Bewegungen visualisiert auf hochästhetische Weise innerstädtische Luftströme.

Hervorzuheben ist die kulturelle Transformationskraft des Entwurfs: *Urban Sails* regt dazu an, über eine neue Energiekultur in Stadtzentren nachzudenken. Die Arbeit unterstreicht die Notwendigkeit, neue Technologien durch Gestaltung in Kultur zu transformieren, um gesellschaftliches Umdenken und damit Akzeptanz, ja vielleicht sogar Lust auf Wandel zu ermöglichen.

Carola Zwick
Professorin für Produkt-Design, weißensee kunsthochschule berlin

About the Project Johannes Schmidtner's master's project *Urban Sails* innovatively addresses the challenges of the global energy transition to renewable energies. In particular, the project considers in detail the acceptance problems that hamper the development of new energy infrastructures. The concept of developing wind turbines for urban areas is based on an in-depth examination of technological and sociocultural challenges. At a time when it is not so much the efficiency but rather the resilience of energy systems that is becoming more important, the integration of small wind turbines in urban areas has promising additional energy potential.

The project *Urban Sails* supplements existing wind farms and promotes the acceptance of wind technology. It is thus not so much a technological innovation as the development and design of an attractive small-scale energy infrastructure that makes possible decentralized energy production and thus democratizes access to energy. Schmidtner's design approach, and particularly his use of flexible materials such as large textile sails, deliberately differs from the technical appearance of modern wind turbines and advocates a visually easier aesthetic reminiscent of traditional uses of wind power: windmills. The scale chosen for *Urban Sails* is seamlessly integrated in urban space. The arrangement of these turbines and their gentle movements highly aesthetically visualizes inner-city air currents.

Noteworthy here is the cultural transformative power of the design: *Urban Sails* inspires us to think about a new energy culture in urban centers. The work emphasizes the need to transform new technologies into culture by means of design, in order to make possible social rethinking and thus acceptance, and perhaps even a desire for change.

Carola Zwick
Professor of product design, weißensee school of art and design berlin

Statement der Jury Johannes Schmidtner, Produkt-Design, für seine *Urban Sails*. Johannes Schmidtner hat den Prototyp einer Windturbine für den urbanen Raum entwickelt. Das ästhetisch anspruchsvolle Modul ist als Grundbaustein eines dezentralen Konzepts der Energieerzeugung gedacht.

Jury Statement Johannes Schmidtner, product design, for his *Urban Sails*. Johannes Schmidtner has developed the prototype of a wind turbine for urban spaces. The aesthetically ambitious module is intended to be a basic building block of a decentralized concept of energy production.

DIGITAL MULTIMETER
TE.ELECTRONIC
MS8233B
PROSTER

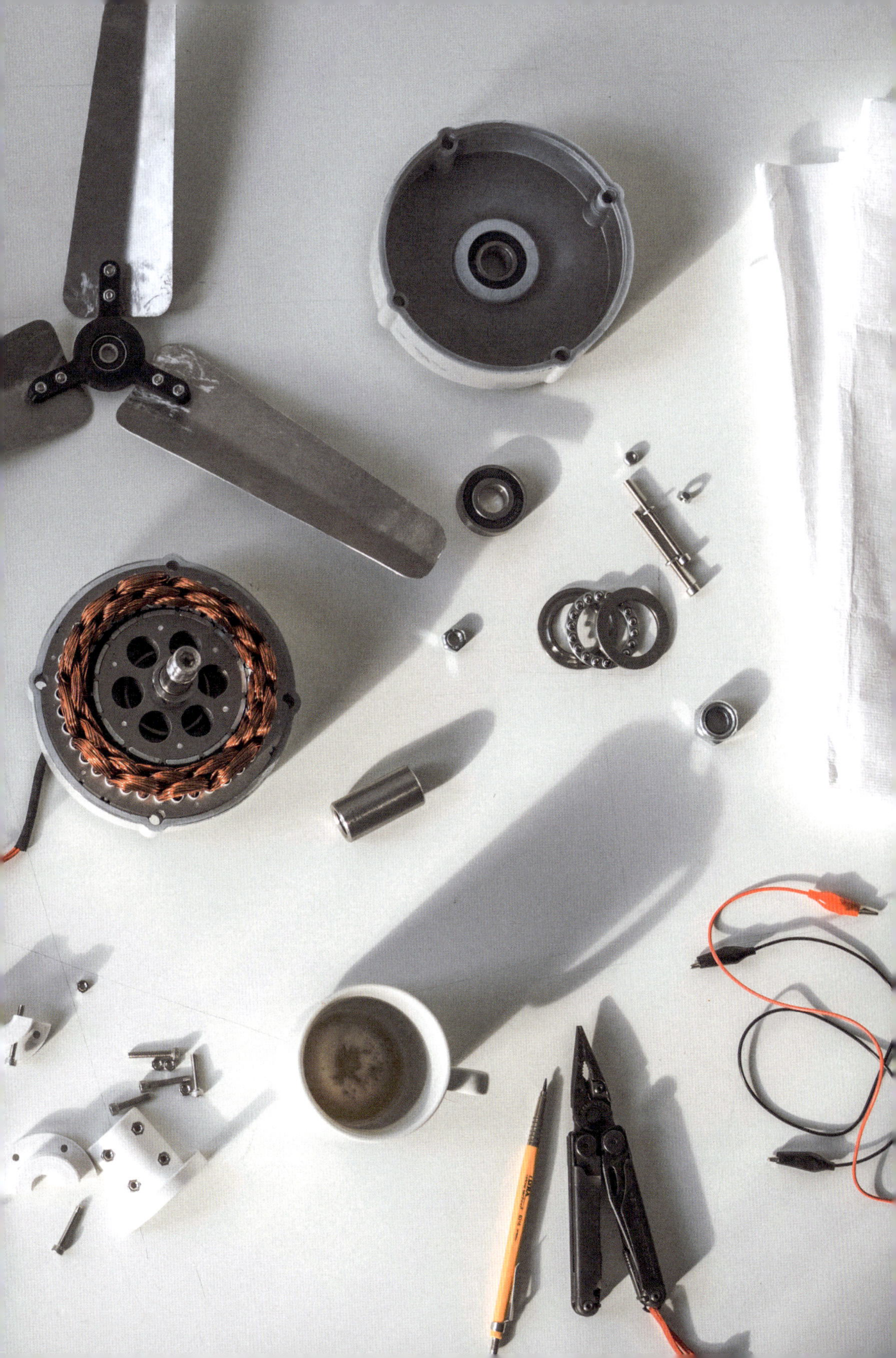

DIGITAL MULTIMETER
2.34
IEC61010-1
2000 Counts
HOLD
TE.ELECTRONIC
MS8233B
10A
600V CAT III

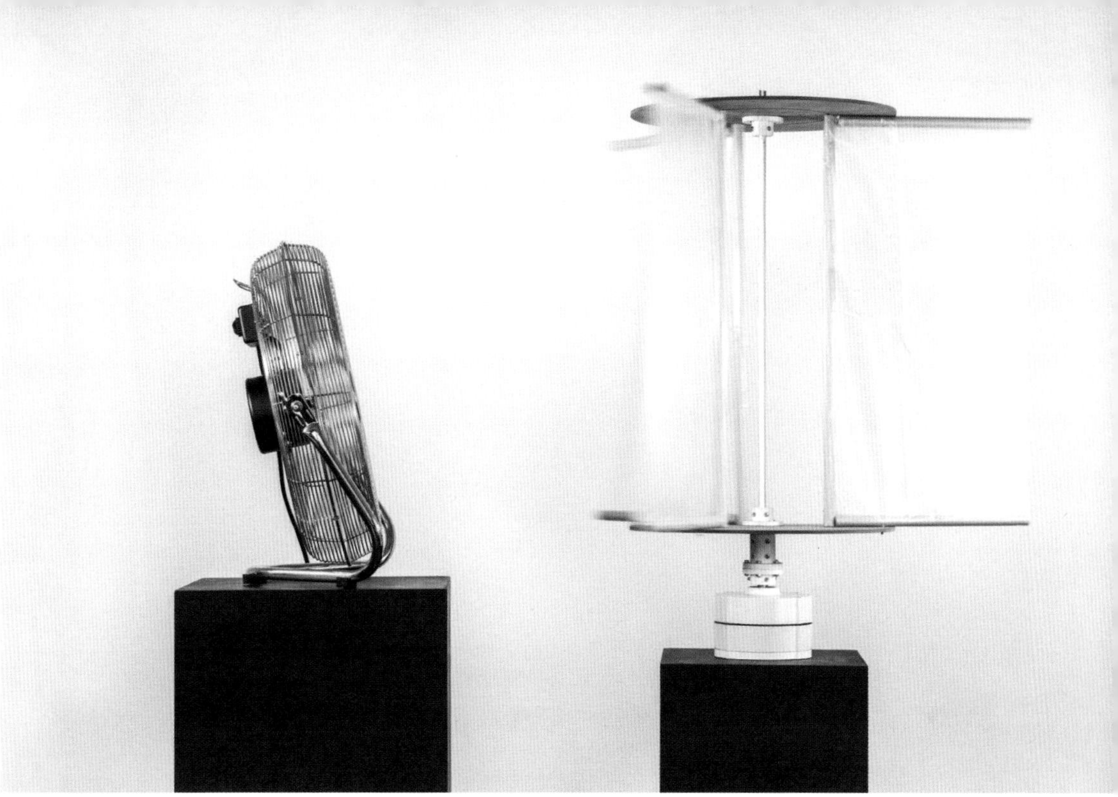

Biografie Geboren 1997 in Ingolstadt, absolvierte Johannes Schmidtner von 2017 bis 2021 sein Bachelorstudium in Industriedesign an der OTH Regensburg. Anschließend setzte er sein Studium im Produkt-Design an der weißensee kunsthochschule berlin fort und schloss es 2023 mit seiner Masterarbeit *Urban Sails* ab. Während seines Studiums sammelte er praktische Erfahrungen in den Berliner Designbüros studio 7.5 und WertelOberfell sowie in der Münchner Agentur für Ausstellungsdesign Büro Müller-Rieger, wo er umfassende Einblicke in Möbeldesign, Raumgestaltung und Industrieproduktentwicklung erlangte.

Johannes Schmidtner präsentierte seine Arbeiten auf verschiedenen Plattformen, darunter Handwerk+Form in Andelsbuch (2018) und der Langen Nacht der Wissenschaften an der FU Berlin (2022). Sein kreatives Schaffen wurde außerdem mit der Teilnahme an den German Design Graduates in Dresden (2022) sowie der Talente – Meister der Zukunft in München (2023) gewürdigt.

Biography Born 1997 in Ingolstadt, Germany, Johannes Schmidtner completed his bachelor's degree in industrial design at the Regensburg University of Applied Sciences (OTH Regensburg) from 2017 to 2021. Subsequently, he continued his studies in product design at the weißensee school of art and design berlin and graduated in 2023 with his master's project *Urban Sails*. During his studies, Johannes Schmidtner gained hands-on experience at the Berlin design companies studio 7.5 and Wertel-Oberfell, as well as at the Munich agency Büro Müller-Rieger, which specializes in exhibition design, where he garned a great deal of insight into furniture design, interior design, and industrial product development.

Johannes Schmidtner has presented his work on various platforms, including Handwerk+Form in Andelsbuch (2018) and the Long Night of the Sciences at the Freie Universität Berlin (2022). His creative work was also recognized when he was invited to participate in the German Design Graduates in Dresden (2022) and the Talente – Meister der Zukunft in Munich (2023).

Johannes Schmidtner: *Urban Sails* (Development of a Modular Small Wind Turbine System to Enhance the Acceptance of Wind Energy in Urban Areas)

- Produkt-Design | Product Design, Master, 2023
- Betreuung | Supervision: Prof. Carola Zwick, Prof. Dr. Lucy Norris

w www.johannesschmidtner.de
m hello@johannesschmidtner.de
ig @johannes.schmidtner

Mart Stam

Mart Stam Die Kunsthochschule im Berliner Stadtteil Weißensee wurde 1946 von Künstler*innen, die dem Bauhaus nahestanden, als »Kunsthochschule des Nordens« gegründet. Zu den ersten Rektoren gehörten der Keramiker Jan Bontjes van Beek (1899–1969) und der niederländische Designer und Architekt Mart Stam (1899–1986). Zunächst als Provisorium in einer ehemaligen Schokoladenfabrik angesiedelt, wurde die Kunsthochschule in den 1950er-Jahren von dem Architekten Selman Selmanagić weiter ausgebaut. Das heute unter Denkmalschutz stehende Ensemble wurde nach dem gesellschaftspolitischen Wandel von 1989/90 erweitert und modernisiert. Geplant ist der Ausbau zu einem Zentrum für Wissenschaft, Kunst und Kreativwirtschaft, dem Wissenschafts- und Kreativstandort Campus Weißensee.

Aus der Lehre und Idee des Bauhauses hervorgehend, zeichnet sich die Hochschule durch ihr einzigartiges Profil aus. Sie bietet mehr als 850 Studierenden aus dem In- und Ausland ein gemeinsames interdisziplinäres Grundlagenstudium und Diplomstudiengänge in der Freien Kunst sowie Bachelor- und Master-Studiengänge im Design. Heute ist die weißensee kunsthochschule berlin eine der weltweit angesehensten Kunsthochschulen. Die große Zahl internationaler Studierender ist ein sprechender Beweis für ihre Reputation. Ihre Absolvent*innen erhielten zahlreiche Auszeichnungen und Preise. Unter den Lehrenden finden sich international renommierte Künstler*innen und Designer*innen.

Mart Stam wurde 1899 in den Niederlanden geboren und arbeitete zunächst als Zeichenlehrer in einem Architekturbüro in Rotterdam. 1922 ging er nach Berlin, wo er bei Hans Poelzig und Max Taut arbeitete. In Beiträgen europäischer Avantgardezeitschriften vertrat er funktionalistische und sozialethische Prinzipien des Bauens. 1926 konnte er in der Stuttgarter Weißenhofsiedlung erstmals ein Reihenhaus nach seinen Ideen realisieren. Für dessen Inneneinrichtung entwickelte er einen hinterbeinlosen Stahlrohrstuhl, den berühmten »Freischwinger«. Von 1930 bis 1934 lebte Mart Stam in der Sowjetunion als Mitglied der Architektengruppe um Ernst May. 1935 kehrte er in die Niederlande zurück, gründete ein eigenes Architekturbüro und wurde 1939 Direktor des Instituut voor Kunstnijverheidsonderwijs, der späteren Rietveld-Akademie in Amsterdam.

Mart Stam lebte seit 1948 in der Sowjetischen Besatzungszone, später DDR, und war zunächst Rektor der Dresdner Akademie der Künste und der Hochschule für Werkkunst. Von 1950 an war er Rektor der Kunsthochschule in Berlin-Weißensee, die er infolge der Formalismusdebatte Ende 1952 verlassen musste. Seiner kurzen Amtszeit verdankt die Schule eine klare Struktur des Ausbildungssystems, die der Gliederung der Studiengänge am Bauhaus entlehnt ist. 1966 zog sich Mart Stam in die Schweiz zurück, wo er 1986 starb.

Mart Stam The Academy of Art in the Berlin district of Weissensee was founded in 1946 as the "Art Academy of the North" by artists who had close links to the Bauhaus. Among its first rectors were the ceramicist Jan Bontjes van Beek (1899–1969) and the Dutch designer and architect Mart Stam (1899–1986). Initially located in a former chocolate factory on a temporary basis, the academy of art was further expanded in the 1950s by the architect Selman Selmanagić. The ensemble, which is now a protected monument, was expanded and modernized after the sociopolitical changes of 1989–90. Plans are in place for it to become a center for the sciences, arts, and creative industries: Campus Weissensee as a site for science and creativity.

Originating from the teaching and ideas of the Bauhaus, the university is distinguished by its unique profile. It offers to more than 850 students from Germany and abroad a joint interdisciplinary foundation study program and diploma courses in the fine arts as well as bachelor's and master's degree programs in design. Today, the weißensee school of art and design berlin is one of the world's most respected art colleges. The large number of international students is proof of its reputation. Its graduates have received numerous awards and prizes. Among the teaching faculty are internationally renowned artists and designers.

Mart Stam was born in the Netherlands in 1899 and initially worked as a drawing instructor in a Rotterdam architectural firm. In 1922, he moved to Berlin, where he worked with Hans Poelzig and Max Taut. In articles he wrote for European avant-garde journals, Stam advocated functionalist and socioethical principles of architecture. In 1926, in der Stuttgart Weissenhofsiedlung, he was for the first time able to realize a row house according to his own ideas. For its interior furnishings, he designed a tubular-steel chair without back legs, the famous cantilever chair. From 1930 to 1934, Mart Stam lived in the Soviet Union as a member of the architects' group around Ernst May. In 1935, he returned to the Netherlands, founded his own architectural firm, and in 1939 became director of the Institute for Applied Arts Education (Instituut voor Kunstnijverheidsonderwijs), the later Rietveld Academy in Amsterdam.

After 1948 Mart Stam lived in the Soviet occupation zone, later the German Democratic Republic (GDR), and initially was rector of the Dresden Academy of Arts and of the Academy of Applied Arts. From 1950 on, he was rector of the Academy of Art in Berlin Weissensee, which he was forced to leave at the end of 1952 as a result of the Formalism Debate. It is thanks to his brief term in office that the school has a clearly structured training system, borrowed from the structure of the Bauhaus degree programs. In 1966, Mart Stam retired to live in Switzerland, where he died in 1986.

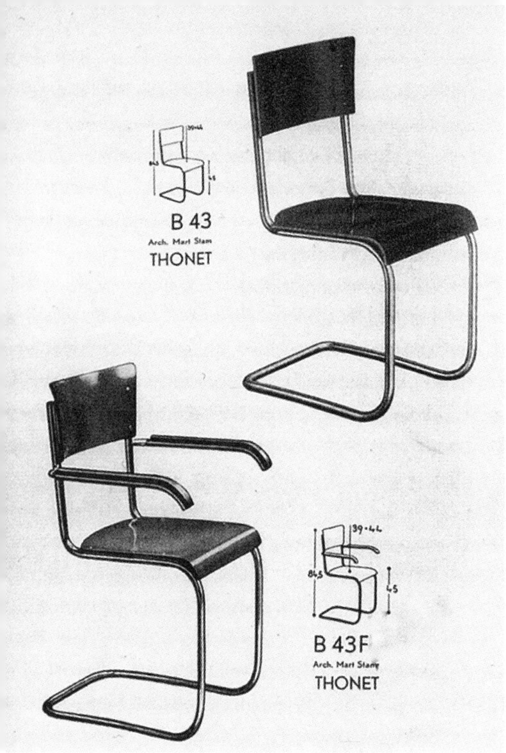

Mart Stam, Stahlrohrstuhl B43 | Tubular-steel chair, B 43, 1931

Werden Sie Mitglied der Mart Stam Gesellschaft! Die Mart Stam Gesellschaft ist der gemeinnützige Förderverein der weißensee kunsthochschule berlin. Mitglieder sind Freund*innen und Förderer der Hochschule, Berliner Unternehmen, Lehrende sowie ehemalige Studierende. Der Verein versteht sich als Schnittstelle zwischen der Kunsthochschule, ihren Alumni und der Öffentlichkeit. Zweck des Vereins ist die Förderung der Hochschule, ihrer Studierenden und ihrer Alumni. Die Mart Stam Gesellschaft arbeitet eng mit der mart stam stiftung für kunst + gestaltung zusammen, die jedes Jahr Stipendien an besonders begabte Studierende vergibt.

Werden Sie Mitglied – als Privatperson oder mit Ihrem Unternehmen! Mit Ihrer Mitgliedschaft* unterstützen Sie die Arbeit der Mart Stam Gesellschaft und werden Teil eines wachsenden Netzwerks, das Designer*innen und Künstler*innen mit Akteur*innen aus der Berliner Wirtschaft und Kultur verbindet. Eine Beitrittserklärung finden Sie auf der Webseite der Mart Stam Gesellschaft. Für Beiträge und Spenden erhalten Sie eine Spendenbescheinigung.

Mart Stam Gesellschaft
c/o weißensee kunsthochschule berlin
Bühringstraße 20, 13086 Berlin
www.mart-stam.de

Support us with your membership! The Mart Stam Society is the nonprofit association of friends of the weißensee school of art and design berlin. Its members are friends and sponsors of the academy, Berlin businesses, and instructors, as well as former students. The society sees itself as the interface between the art academy, its alumni, and the public sphere. It is the society's purpose to promote the academy, its students and alumni. The Mart Stam Society closely collaborates with the mart stam foundation for art + design, which annually awards scholarships to particularly talented students.

Become a member—as a private individual or with your company! With your membership you will support the Mart Stam Society and become part of a growing network that connects designers and artists with stakeholders from Berlin's business and culture scene. A membership application is available for download on the website of the Mart Stam Society. You will receive a donation receipt for all contributions and donations.

Mart Stam Gesellschaft
c/o weißensee kunsthochschule berlin
Bühringstraße 20, 13086 Berlin
www.mart-stam.de

Mart Stam, Reihenhaus in der Weißenhofsiedlung, Stuttgart | Row house for the Stuttgart Weissenhof Estate, 1927

Mitgliedsbeiträge | Contributions

- **Alumni und U30: 25 Euro/Jahr | Alumni and persons under 30: 25 euros/year**

Ehemalige Studierende der weißensee kunsthochschule berlin und Freund*innen der Hochschule (unter 30) zahlen in den ersten zwei Jahren ihrer Mitgliedschaft 25 Euro jährlich und erst ab dem 3. Jahr den normalen Beitrag von 75 Euro. Einladung zu allen Veranstaltungen (Exkursionen, Atelierbesuche, Vorträge, Ausstellungseröffnungen), Zusendung des Mart Stam Preis-Katalogs. | Former students of the weißensee school of art and design and friends of the university under the age of thirty pay 25 euros a year for the first two years of their membership; from the third year on the normal fee is 75 euros. Invitation to all events (excursions, studio visits, lectures, exhibition openings), copy of the Mart Stam Prize catalogue.

- **Freund*in: 75 Euro/Jahr | Friend: 75 euros/year**

Ermäßigter Beitrag für Empfänger*innen von ALG II/Bürgergeld: 50 Euro/Jahr. Einladung zu allen Veranstaltungen (Exkursionen, Atelierbesuche, Vorträge, Ausstellungseröffnungen), Zusendung des Mart Stam Preis-Katalogs. | Lower contribution for recipients of ALG II/income support: 50 euros/year. Invitation to all events (excursions, studio visits, lectures, exhibition openings), copy of the Mart Stam Prize catalogue.

- **Freund*in plus: 100 Euro/Jahr | Friend plus: 100 euros/year**

Wie Freund*in, schließt zusätzlich Partner*in und Kinder ein. | Like the friend contribution, this category also includes partner and children.

- **Förderer/Förderin inklusive Partner*in: 200 Euro/Jahr | Sponsor including partner: 200 euros/year**

Einladung zu allen Veranstaltungen (Exkursionen, Atelierbesuche, Vorträge, Ausstellungseröffnungen), Zusendung des Mart Stam Preis-Katalogs. Einladung zur exklusiven Preview der Mart Stam Preis-Ausstellung mit anschließendem Empfang. | Invitation to all events (excursions, studio visits, lectures, exhibition openings), copy of the Mart Stam Prize catalogue. Invitation to the exclusive preview of the Mart Stam Prize exhibition with subsequent reception.

- **Mäzen*in inklusive Partner*in: 500 Euro/Jahr | Patron including partner: 500 euros/year**

Einladung zu allen Veranstaltungen (Exkursionen, Atelierbesuche, Vorträge, Ausstellungseröffnungen), Zusendung des Mart Stam Preis-Katalogs. Einladung zur exklusiven Preview der Mart Stam Preis-Ausstellung mit anschließendem Empfang. Persönliche Führung durch die Rektorin beim jährlichen Rundgang der weißensee kunsthochschule berlin mit anschließendem Empfang. Nennung im Mart Stam Preis-Katalog. | Invitation to all events (excursions, studio visits, lectures, exhibition openings), copy of the Mart Stam Prize catalogue. Invitation to the exclusive preview of the Mart Stam Prize exhibition with subsequent reception. Personal guided tour by the president during the annual tour at the weißensee school of art and design berlin followed by a reception. Mention in the Mart Stam Prize catalogue.

- **Unternehmen inklusive Partner*in des Unternehmers/der Unternehmer*in und Mitarbeiter*innen: 1000 Euro/2000 Euro/frei gewählter Betrag/Jahr | Company including partner of the entrepreneur and employees: 1,000 euros/2,000 euros/freely chosen amount/year**

Einladung zu allen Veranstaltungen (Exkursionen, Atelierbesuche, Vorträge, Ausstellungseröffnungen), Zusendung des Mart Stam Preis-Katalogs. Einladung zur exklusiven Preview der Mart Stam Preis-Ausstellung mit anschließendem Empfang. Persönliche Führung durch die Rektorin beim jährlichen Rundgang mit anschließendem Empfang. Prominente Nennung des Unternehmens im Mart Stam Preis-Katalog. | Invitation to all events (excursions, studio visits, lectures, exhibition openings), copy of the Mart Stam Prize catalogue. Invitation to the exclusive preview of the Mart Stam Prize exhibition with subsequent reception. Personal guided tour by the rector during the annual tour followed by a reception. Prominent mention of the company in the Mart Stam Prize catalogue.

Download-Link für das Beitrittsformular | Download link for membership form: www.mart-stam.de

Mart Stam

Impressum | Colophon

Herausgeber | Publisher
Mart Stam Gesellschaft und
mart stam stiftung für
kunst + gestaltung
c/o weißensee kunsthochschule berlin
Bühringstraße 20
13086 Berlin
www.mart-stam.de

Projektkoordination | Project Coordination
Sophie Lobrecht, Sonja Böhle

Lektorat | Copyediting
Sonja Altmeppen,
Dawn Michelle d'Atri

Übersetzung | Translation
Ilze Mueller

Gestaltung | Design
Vreni Knödler

Betreuung | Supervision
Prof. Wim Westerveld

Schriften | Typefaces
Self Modern (Bretagne Type Foundry),
Lausanne (Weltkern)

Papier | Paper
Maschinengraupappe,
Munken Kristall

Gesamtherstellung | Production
Druckerei Kettler, Bönen

Erschienen im | Published by
Verlag Kettler, Dortmund
www.verlag-kettler.de

ISBN 978-3-98741-143-4

Kuratierung der Ausstellung | Curation of the Exhibition
Annette Tietz, Mascha Neumann
Galerie Pankow

Gefördert durch | Supported by
BSR – Berliner Stadtreinigung
IBB – Investitionsbank Berlin
Stiftung KUNSTFORUM der
Berliner Volksbank gGmbH

BSR

Investitionsbank
Berlin

STIFTUNG KUNSTFORUM
BERLINER VOLKSBANK

mart
stam